谨以此书纪念中国社会科学院建院 40 周年

主　　编／方　军
副 主 编／林新海　梁艳玲
执行主编／刘玉杰

学术名家自述

刘国光 / 自述
桁林 邢桂芹 / 整理

刘国光

社会科学文献出版社
SOCIAL SCIENCES ACADEMIC PRESS (CHINA)

刘国光

编前语

党的十八大以来，以习近平同志为核心的党中央，高度重视繁荣发展我国哲学社会科学事业。2016年5月17日，习近平总书记在哲学社会科学工作座谈会上发表重要讲话，强调："广大哲学社会科学工作者要树立良好学术道德，自觉遵守学术规范，讲究博学、审问、慎思、明辨、笃行，崇尚'士以弘道'的价值追求，真正把做人、做事、做学问统一起来。要有'板凳要坐十年冷，文章不写一句空'的执着坚守，耐得住寂寞，经得起诱惑，守得住底线，立志做大学问、做真学问。"总书记的讲话高屋建瓴，对广大哲学社会科学工作者寄予了殷切期望。

2017年是中国社会科学院建院40周年。40年来，中国社会科学院先后涌现了一大批政治合格、学术领先、学风优良的专家学者。他们中有一批年高德劭、造诣精深的知名专家学者，堪为学科史乃至学术史上的一面面旗帜。通过对他们的深度访谈，或请他们自述，记录下他们孜孜矻矻、上下求索的治学历程，记录下他们探赜索隐、钩深致远的深邃思索，也记录下他们"为天地立心，为生民立命，为往圣继绝学，为万世开太平"的崇高理想和人生境界，请他们为薪火相传的学术事业"传道、授业、解惑"，这样既可为学科史、学术史抢救一手可信的史料，也可为构建中国特色哲学社会科学学科体系、学术体系和话语体系掇菁撷华。因此，贯彻落实习近平总书记"5·17"重要讲话精神，编辑出版"学术名家自述"丛书，对加快构建中国特色哲学社会科学具有重要意义。

为此，中国社会科学院办公厅联合社会科学文献出版社组成编辑部，确定丛书的方案、编写大纲，并对丛书的框架、内容、体例等进行多次研讨。同时，邀请中国社会科学院的荣誉学部委员、学部委员进行学术自述，并陆续推出。

考虑到部分老专家年事已高，个体经历各异，学科之间千差万别，无论是请他们自撰还是对他们进行访谈，都殊非易事。首批推出的几位名家自述，我们本着实事求是的原则，只求真实记录，不求风格上的统一。内容上，或有他们对成长历程的回忆；或有他们对学科发展的回顾；或有他们对治学特色的讲述；或有他们的人生感悟……叙述方式上，采用第一人称叙事法，尊重自述者的个人语言风格。

本丛书得到了中国社会科学院各位专家学者的大力支持，得到了各位撰稿人的热情帮助，在此我们表示衷心感谢。囿于时间、人力、物力，错误和不足之处在所难免，敬请读者批评指正。

丛书编辑部
2017 年 4 月

目 录

第一部　口述自传　／　001

一　家世春秋　／　003

我的爷爷　／　003

我的父母　／　004

我的外祖父　／　007

童年记忆　／　008

二　生逢乱世　／　010

我的小学　／　010

江宁中学　／　011

初中同学　／　011

难忘1937　／　013

离别鸟惊心　／　015

投亲靠友　／　016

独在异乡　／　017

好友重逢　／　017

继续学业　／　018

目 录

三　曾经沧海 ／ 022

我的大学 ／ 022

师生情谊 ／ 027

辗转工作 ／ 029

留学苏联 ／ 030

回到经济所 ／ 034

四　拣尽寒枝 ／ 036

经济所来了孙冶方 ／ 036

第一次学术"井喷" ／ 037

打入另册被审查 ／ 040

知识分子接受再教育 ／ 042

借调计委先行一步 ／ 044

中国计量经济学的摇篮 ／ 045

值得感恩的人与事 ／ 047

五　改革时代 ／ 049

改革的春天来了 ／ 049

探索经济改革之路 ／ 050

目 录

从计划与市场关系中寻找改革突破口 / 052

取消指令性计划 / 053

从计划经济的综合平衡谈起 / 054

协调推进的整体改革思路 / 056

改革面临双重转变的任务 / 061

反对经济过热和通货膨胀 / 064

适度从紧　稳中求进 / 066

在《薛暮桥回忆录》座谈会上回顾"硬着陆"
及其教训 / 068

保持宏观稳定的"软着陆" / 070

计划与市场之争终有结果 / 071

六　晚年风波 / 076

回顾学术研究的几个阶段 / 076

两重反思掀起"刘旋风" / 078

"7·15"谈话与"刘国光之忧" / 080

分歧扩大：从分配问题到所有制问题 / 087

"刘国光十论"：综述近年关于经济体制改革
方向问题 / 089

第二部 自述回顾 / 111

一 **综合回顾** / 113

研究工作汇报（1979年） / 113

八十心迹（2003年） / 119

九十感恩（2013年） / 122

中国经济学杰出贡献奖答辞（2005年） / 125

首届世界政治经济学奖答辞（2011年） / 127

我的经济学探索之路（2012年） / 134

二 **专题回顾** / 150

计划与市场关系变革三十年及我在此过程中的

一些经历 / 150

关于改革开放新时期的宏观调控 / 163

改革开放新时期的收入分配问题 / 181

关于这场改革性质大讨论的一些是非曲直及

亲身经历 / 194

第三部　年谱长编　／　215

附　成果目录　／　277

编者后记　／　282

第一部 口述自传

一　家世春秋

我已九十有几，心力有所不及，只能作些漫谈式和片段性的回忆，再由我的学生整理。

好在以前也有些传记类的记叙留存下来，可供参考。当然，这些材料侧重于学术思想研究，对生活方面关注得很少，我自己也较少关注，主要精力还是放在学术上，现在要弥补后一方面的欠缺，才能比较全面、立体地反映那个时代的特征。

学术思想是小范围人群关注的对象，而对大多数人来说，更感兴趣的恐怕在于后一方面，即我们那个时代以及那个时代人们的生存状况及其奋斗的足迹。从过去走过的老路中总结若干经验，启迪他人，这样或许更有教育意义。

我的爷爷

要论祖籍，我应该是湖南湘潭（湘潭绳背冲）人，但这条线索中断了。那是个兵荒马乱的年代，流离失所，很难追根溯源。以前省里还有认识的人可以请他们帮助追根查找，但那时没想到要着急去办，现在就更难追溯了。

要说我爷爷刘文彬，就得说到太平天国，否则我们这一脉怎么从湖南迁徙到南京呢？

我没有见过爷爷。我出生时，爷爷已经不在了。我爷爷大约是在湘军里担任一个小头目，负责采办。当年湘军是围剿南京太平军的主力，号称江南大营、江北大营，驻扎在南京城外好多年。剿灭太平军以后，南京城里十室九空，民生凋敝，人口和劳力严重不足，包括我爷爷在内的大量兵士就这样留下来补充人口，娶妻生子，置办田产。这样，我们祖上就在鸡鸣寺后南京城墙脚下安顿下来，出了城就是汪洋一片的玄武湖了。

刘家在南京的这一脉就这样扎下了根。我们是第二房刘致和一家，到我这儿已经是第三代了。

我的父母

我的父亲刘致和，家中排行老二，仅有小学文化程度，但悟性好，脑瓜子好使，用英文跟洋人交流无碍，我也不知他是怎么自学而成的，因此能够进入英商办的"和记洋行"，最后还升到中级管理层的部门主管。因此，我们家当时也算是相当于今天中等收入水平，基本生活没有大问题。

和记洋行主要做食品生意，收购国内鲜鸡蛋及肉类运到英国，备有很大的冷库，在小孩的眼里大得不得了，我还记得小时候一到夏天就喜欢去冷库纳凉。这家洋行规模不小，在南京、上海、武汉、香港都设有分支机构或工厂。不想这些落脚点后来我们一家逃难时都用上了，成了躲开日本人袭击的避风港。这自然是后话，既是幸运，也是不幸。

我的母亲姜淑兰在家中也是排行老二，性情中和，没有上过学，但通情达理。家中先后育有五个孩子，不幸的是，除我之外其余都夭折了。如若算起来，我也是排行老二，所以我们一家三口都是排行老二，这也算是一种巧合吧。

一 家世春秋

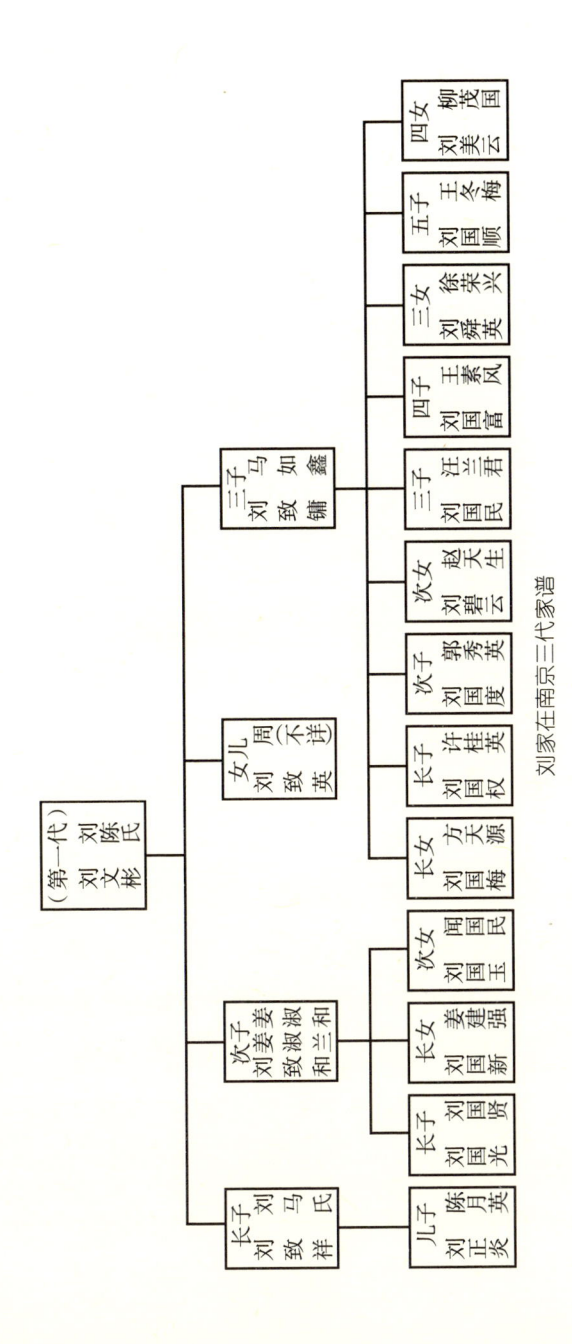

刘家在南京三代家谱

- （第一代）刘文彬 刘陈氏
  - 长子 刘致祥 刘马氏
    - 儿子 刘正炭 陈月英
  - 次子 刘致和 姜淑兰
    - 长子 刘国光 刘国贤
    - 长女 刘国新 姜建强
    - 次女 刘国玉 周国民
  - 女儿 刘致英 周不详
    - 长女 刘国梅 方天源
    - 长子 刘国权 许桂英
    - 次子 刘国度 郭秀英
    - 次女 刘碧云 赵天生
  - 三子 刘致镛 马如鑫
    - 三子 刘国民 汪兰君
    - 四子 刘国富 王素凤
    - 三女 刘舜英 徐荣兴
    - 五子 刘国顺 王冬梅
    - 四女 刘美云 柳茂国

我们一家住在南京下关，那时长江上没有大桥，南北岸交通主要靠轮渡。20世纪初开通沪宁铁路和津浦铁路之后，长江两岸的物资客流无法贯通南北，要靠轮船摆渡过江，所以这一带很繁华，也很忙碌。

1937年1月，在江苏省江宁中学肄业时与父母合影
刘国光（中立者），14岁

这是一片繁忙的水域，不仅是连接南北岸最重要的交通枢纽，而且是进出口重要的交通枢纽。当时下关沿江建有许多码头，外国公司驻扎在那里，以便内外出入。和记洋行也设在那里。长江上有很多外国轮船，我当时的感觉就是中国人自己的船只太少了。

我母亲是在1944年兵荒马乱年代得了猩红热在沦陷区南京病逝的，去世时才四十岁，非常年轻，那时我只有二十一二岁的样子，已在昆明西南联大上学了。战时两地信息不通，家里一直瞒着我，直到1945年日本投降后父亲才来信告诉我这个不幸的消息。这个时候四姨的丈夫也去世了，我们两家合为一家，这样才有了我的两个继妹。

次子刘致和一家

	夫（妻）	妻（夫）
第二代	刘致和（1896～1950年）	姜淑兰（1905～1944年） 姜淑和（1910～2004年）
第三代	子：刘国光（1923年生） 女：刘国新（1947年生） 女：刘国玉（1949年生）	刘国贤（1921年生） 姜建强（1947年生） 闻国民（1947年生）

我的外祖父

外祖父姜永发一家以务农为主，属于小地主一类，还雇工种菜，在南京城内鼓楼以东宝泰街居住，置有一些田产，盖了十几间瓦房（平房），后来出租给紧邻的在校大学生。过去那一带虽然紧邻中央大学（今东南大学、南京大学前身），但周围一大片都是菜园子，不像现在这么繁华。

当时南京城最繁华的地段要数新街口、夫子庙、中华门城关一带。

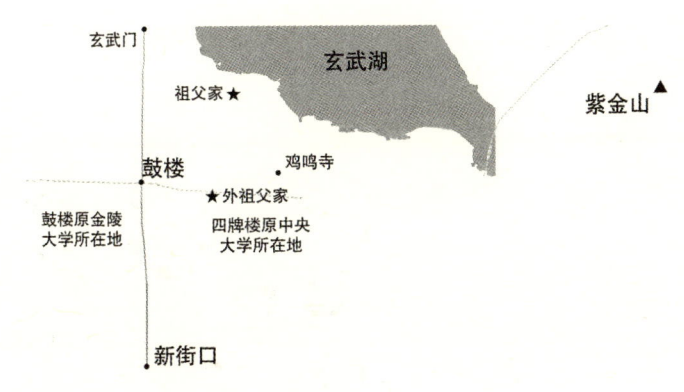

南京市区鼓楼至鸡鸣寺一带示意图

童年记忆

我母亲常带我回外祖母家玩,那时我的三姨姜淑颖交了一个大学生男朋友,他当时是中央大学学生,叫程登科,也租住在这里,后来成了我的三姨父。程登科果然能登科及第,不负祖辈的期望,后来自费到德国留学,回国后在中央大学任教,抗战时期在重庆大学、湖南大学等高校任教,颇有点名气。

正因为有三姨父这层关系,我跟租户的其他大学生也渐渐熟络起来,成了他们闲暇时光开心逗乐的对象。他们都很喜欢我,特别是湖南人袁俊和重庆人孙泽树。袁俊还乐意认我为干儿子,把一些小人书送给我看。他们告诉我许多能理解的和似

1934年,与父母(后排右二、三)、姑父母等在玄武湖五洲公园合影
刘国光(前排右一),11岁

解非解的道理，海阔天空，什么知识都有，乐趣无穷，都装在我这个小脑袋里，这是其他同龄孩子很难有的机会，少小时代沉浸在大学生的氛围里耳濡目染，由此也激发我探索知识海洋奥秘的浓厚兴趣和对知识的崇敬之情。

正因为跟这帮大学生有比较密切的交往关系，母亲因而有机会做媒，将她最要好的一个朋友——父亲洋行里的女会计张懿娟介绍给了我干爹孙泽树。后来抗战流亡到大后方，这些关系都用上了。如我后来在抗战初期流亡四川时得到孙泽树夫妇多方面的照顾，这也是始料未及的。

二　生逢乱世

我的小学

我生在一个动荡不安的时代，大环境如此，各家各户的小环境自然也就好不了。先有军阀混战，后有北伐军进入，借用鲁迅的话来说，就是城头不断变换大王旗。南京是民国政府临时总统的所在地，也是北洋军阀孙传芳的老巢，接着由国民党北伐军攻占建都，再往后是日本入侵，南京成了重灾区，发生了惨绝人寰的南京大屠杀。

六岁那年，我入下关（老江口）小学，就在煤炭港附近靠近渡口的地方。在入学前，我还上过一段私塾，念过《三字经》《百家姓》《千字文》，至今仍然能够记得。

小学的规模不大，有几排房子，父亲把我领到校门，之后我就在这里读了前排读后排，完成了小学教育。

小学时印象最深的事情，一是樊子山校长的爱人邓老师教音乐，教我们唱一首歌，"走啊走，努力向前走，不要回头！"这首歌的歌词好啊，至今还萦绕在脑海里。我小时唱歌的歌喉好，邓老师喜欢我，培养我，把我选送到南京广播电台儿童歌唱队，唱的就是那首曲子。那首歌一直激励着我，不管遇到多大的困难，都不要气馁，要一直往前走。走回头路是没有出路的。二是学校同学中间经常出现以大欺小的现象，我不服，与同学方涛君组织"弱小同盟"，与大同学抗拒，居然还颇有成效。

江宁中学

南京城最好的中学,当然是南京中学和中央大学附属实验中学。然而遗憾的是,我那时没能考上南京中学,而中央大学附属实验中学要有相当过硬的背景才能上,因此我就没有报考。我考上的是省立江宁初级中学,也是很不错的学校,校长赵祥麟是一位颇有来历的教育家,毕业于中央政治学校。

江宁中学是1934年夏才新建的,我是1935年秋入的学。学校的校址在我考取的时候还在中华门外小市口,地方狭窄局促,仅有几间茅草房,一度还借一个旅馆上课。建校一年之后,学校就整体搬迁到了江宁县东山镇,盖起了新校舍,面积也扩大了几倍。

东山镇和我家距离20多公里,离家远了,我就成了寄宿生。那时有公共汽车了,每次回家都要换乘好几次,得穿越整个南京城。有时我步行穿田野进城,再换乘公交车回家。

那年,语言教员管雄刚从金陵大学毕业,英气勃发,新校舍落成时,拟了一副对联:"何年得广厦千万间听寒士书声俅人颜笑,今日与吾党二三子看迎门山色横楹晴岚",寓意精湛、朗朗上口,至今未能忘怀。

有一年暑期,学校还组织学生去杭州旅游,住在孤山美专的校舍,那段时间把杭州美景玩了个遍,印象非常深刻,学校组织这样的活动是很有教育意义的。

初中同学

中学时代我有两个非常要好的同学,几乎成了"一坨儿",

形影不离，他们分别是后桌的徐嗣兴和姚抡达。

徐嗣兴后来成了很有名的作家，也就是路翎，是《财主底儿女们》的作者，成了七月派的先锋，在现代文学史上分量还是蛮重的①；姚抡达后来是著名的音乐家，改名为姚牧。新中国出的第一张唱片《东方红》是他领唱的，《咱们工人有力量》也是他领唱的，他曾为电影《铁窗烈火》《十三陵畅想曲》配过主题曲，编有《姚牧抒情歌曲集》。

他们两位在江宁中学的抗日宣传活动中就已崭露头角。徐嗣兴是天生的作家材料，能写得很；姚抡达能说会唱，两人表现出色，配合默契。我那时嗓子也不错，歌唱得好，经常加入学生宣传队的合唱中去。

后来两人在四川流亡期间因为李露玲而成为情敌。本来我们大家早已认定李与徐的关系，并且取促成的态度，但后来姚李合好，对徐的精神打击很大。我到徐家去看望嗣兴，事情好像已经过去，只是人瘦了许多。但据嗣兴的母亲说，嗣兴前几天可是要死要活的。嗣兴只是不说话。看来，他是决心要忘掉这一切，也决心要记住这一切。②

---

① 编者注：1945年7月长篇小说《财主底儿女们》出版时，路翎才二十出头，胡风就预言"时间将会证明，《财主底儿女们》的出版是中国新文学史上一个重大的事件"。胡风坦陈："别人都说路翎的文艺创作，受我的文艺理论的影响，岂不知我的文艺理论，正有不少地方受路翎文艺创作的影响呢，正是从他的创作中，形成了我的一些理论观点。"
② 朱珩青：《路翎：未完成的天才》（传记文学作品），山东文艺出版社，1997，第25页。

后来徐嗣兴在《七月》上发表成名作《要塞退出之后》时第一次使用路翎这个笔名，竟然撮合了这两人的名字，"路"取自李露玲，"翎"来自姚抡达在合川的笔名"彤翎"。徐嗣兴在给胡风的信中是这么讲的："名字我也曾想到，只是想来想去，别的也仿佛不好。自己纪念两个朋友，就用路翎吧。"①

难忘1937

1937年，日本借宛平之事发难，大举入侵中国，叫嚣要在三个月之内征服中国。我当时年方十四，在江宁中学上初三。11月淞沪抗战失利，战局更加吃紧。日本军从上海打过来，不断突破江阴、无锡、镇江，一步步向南京进逼。消息传来，人心惶恐，形势很是紧急，人们争相逃离。

我当时正参加下乡抗日宣传队，刚从湖熟、板桥一带回到学校，父亲匆忙来学校接我回家，催促我和堂姐跟随母亲逃难。母亲已经收拾好行李，在和记洋行的船上就等着我随同前往，时间已是刻不容缓。

于是我们三人乘坐洋轮，沿江而上，走了两天水路至汉口，换乘小火轮转至长沙，投奔在湖南大学任教的姨父程登科和干爹袁俊处。父亲是外国公司的职员，不能马上走，只能随公司而动。

12月8日，日本军分东、西、南三面包抄，不断缩小对南

---

① 路翎：《致胡风书信全编》，大象出版社，2004，第20页。

京城的包围圈，最后只剩北面的滔滔江水。和记洋行的员工躲到英国"怡和号"趸船上，避到了三汊河上流。船上能听得到密集的枪声和从空中划过的炮弹声。

到 11 日傍晚，枪炮声稀落下来，古城没能保住，落到日本人手上，成了日本人的天下。洋行的部分员工最终换乘到了太古公司吴淞号轮船，离开南京转至武汉。

之后南京成了日本人的屠宰场，惨绝人寰。据事后不完全统计，十二个大规模屠杀场有七个发生在下关，离我们家最近的就有宝塔桥鱼雷营、煤炭港、和记洋行附近、下关中山码头、龙江口、挹江门等。日本的随军记者有这样的记载："在下关码头，尸体堆成了黑乎乎的山，有 50～100 人在那里干苦活，把尸体拖下来扔进长江。尸体还淌着血，有些人还活着并虚弱地呻吟着，他们的四肢还在抽动。"① 伯父在宝塔桥开煤炭店，有一名送煤的雇工也因为手上有茧，被疑为当兵的，惨遭杀害。

到了长沙，姨父程登科接待了我们，并安排我住到干爹袁俊家。他们两位都在湖南大学任教。为了不使我落下功课，把我送到长沙中学去旁听。岳麓脚下是当年朱熹、王阳明办学的地方，古风犹存，非比寻常。这里的作文一概要求用古文体写作，要写成像梁启超的《少年中国说》那样，尽管要求有些苛刻，但对于自己也是一个锻炼。

---

① 今井正刚:《侵华日军在中国的暴行》，载《南京暴行》，东方出版社，1998，第 27 页。

在长沙，有几个地方是文人学士最愿意待的，一是茶楼，沏上一壶茶，大家聚在一起交谈甚欢是那个时代的一种文化景象；二是书店，是新思想、新文化传播的重要场所，对于穷学生来说，便可以在那里随处翻看。

长沙有个八角亭书店，我经常溜达到那里看书。当时已经是国共合作时期了，中共长江局进驻武汉，后来又迁至长沙，所以那一带涌现了大量进步书籍。像斯诺的《红星照耀中国》（后更名为《西行漫记》），邹韬奋的《萍踪寄语》《经历》，等等，都是在那个时候读到的。这对于一个渴求知识的中学生来说，就像走在沙漠里的骆驼遇到了绿洲。

到了12月中旬，父亲乘公司的船只也退到了汉口。我们母子俩得着这个口信，又从长沙返回汉口，一家人得以团聚。从形势上看，长沙、汉口都已非久留之地。

很快，汉口也将保不住了，所以国民政府一路往大西南迁移。从那个时候起，大量难民如潮水般涌向四川，分水路、陆路（北路）和绕道南方（南路）进入，四川俨然成了大后方。人口和大批辎重都往四川方向疏散，很多人都选择了重庆。

离别鸟惊心

进川的船票相当紧张，很难弄到手。父亲费尽心思，最后在后继的姨妈杨惠贤帮助下才弄到船票。这已经是1938年初了。此时姨妈姜淑颖已经去世，姨父程登科娶了这位新人。父母把我托付给了这位姨妈，他们则随公司于1938年4月经由京汉铁路到广州、香港，绕道返回上海，最后回到沦陷区南京原公司上班。此时日本人已经控制了华东，上海则成了"孤岛"。

那时英日两国尚未断交，和记洋行还能维持，等到太平洋战争爆发，两国正式断交，和记洋行也就到了关门的时候了。

我在汉口与父母告别，从此再未见过母亲，没有想到那次离别竟是最后的一面，这是我最大的遗憾。

我们继续沿长江而上，去重庆投奔姨父程登科的老家。就这样，我跟继姨妈在1938年初到了重庆，住到重庆上清寺的程家。程家还有个小姑子，虽然已经嫁人了，但两口子还住在家里，夫妻两个都在上清寺求精中学教书，日子过得蛮不错。于是，我也暂住到了求精中学。

从此我就成了下江人，开始真正的独立生活。

投亲靠友

母亲还有一位情投意合的姐妹叫张懿娟，她后来跟干爹孙泽树结婚。孙泽树大学毕业之后就回了老家，在重庆北碚的一个农场工作，张懿娟随同他到了重庆，在一家医院当会计。他们原来都跟我很熟很好，这个时候我就住到了千厮门的孙家。

尽管生活有了着落，但是，孤独的情绪难以排解，如同《流亡三部曲》所唱的，"整天价在关内流浪"。我现在还能哼唱《嘉陵江上》，这首歌仿佛是为我量身定制的，寄托了我无限的哀思。

> 嘉陵江水静静地流，流不尽我的哀愁，流不尽我的烦忧。
>
> 我深深地怀恋我美丽的乡土，在那遥远的东海边，在那沃野的扬子江头。
>
> 如今敌人踏破了我可爱的田园，折毁了我童年的摇篮。
>
> 如今我独自流浪在嘉陵江上，看不见古城幽静的风光，看不见离散的姐妹爹娘。
>
> 江水每夜呜咽流过我的心上，一样的流水，一样的月亮，如今我徘徊在嘉陵江上。

独在异乡

独在异乡，我能去的地方只有书店和戏院，只有那些地方才能打发时光，填补我的精神空虚。演戏是连轴转的，只要不出场地，就可以在里面待上一整天，从早场看到晚场。

逛书店更用不着花钱，选一本书找个角落可以一直看下去。正是在这个时候，我看了许多社会科学方面的书籍，像艾思奇的《大众哲学》、张仲实的《社会科学教程》、沈志远的《经济学概论》等，都是在那里看的，这些书引发了我浓厚的兴趣，对我日后专业的选择都有无形的影响。

好友重逢

有一天，我在重庆街头闲逛，意外地遇到了宁中好友徐嗣兴（路翎），大喜过望。原来他也迁来重庆了，而且是有组织的。我从他那里了解到，早在1937年末，政府就在汉口、宜昌、重庆等地先后设有沦陷区流亡学生登记处,将一些失学、失散的学生登记在册。很多流亡学生知道后都前去登记,全国各地来的学生都有。有这么多学生,不教育不行,后来就组织这些学生入校教育。而且战局瞬息万变,要不断地西迁,因此就要将这些学生分期分批地送往后方。

当时抗战政府还在武汉,数那里登记在册的学生最多。路翎在那里遇到了不少宁中同学,其中就有好友姚抡达(姚牧)。年初,他们先后乘民生公司卢作孚的轮船,冒着日机轰炸的危险,随难民潮涌入重庆。

我们就这样重逢了。我也在重庆登了记,又碰到了很多熟悉的同学。

继续学业

由于我登记得比较晚,所以一直挨到当年四、五月间才到江北县四川中学报到,后来四川中学也改为了国立二中,因为扬州中学、淮安中学都合并过来了,校长是原扬州中学的校长周厚枢。那时重庆经常受敌机轰炸。我们在江北县文星场补习了两三个月的初中课程,高中就迁到合川县去了。那个学校(指国立二中高中部)设在合川县濮岩寺内。寺院有些年代了,环境很幽静,古木参天,是个读书的好地方,可惜处于战乱年代,寺院财力不济,建筑物年久失修,破败不堪。

从1938年的年中一直到1941年7月,我在合川前后共三年时间。1940年毕业前夕,我收到寄自沦陷区南京的父亲来函,

1940年12月，国立二中高中部三零乙级师生毕业合影
刘国光（三排右六），同学中有后来的教育部部长何东昌（一排左四）

他希望我考大学时选择工程专业，认为靠得住，将来好找工作，他对那些工程师很欣赏，也希望我将来成为那样的人。但我此时已经倾向于选择社会科学了，两地相隔几千里，一封书信要走三个月，很难影响得了我的选择。

那时生活很苦，内地流亡学生上学，主要靠政府助学贷款，我的中学、大学都是如此。至于还款，都是来自沦陷区的穷学生，失去了家庭的经济资助，又哪来的钱还呢？

除了公费贷款，再就是投亲靠友。有其他接济的学生在生活上会稍有改善，但也好不到哪里去，杯水车薪，解决不了根本问题。

彼时，我的堂兄刘正炎在重庆中一路开五金电料小商店，做点小买卖，靠他接济我一点，上大学后，有时自己当家教、当中学老师，偶尔也有些微薄的收入。高中时候有一次，我问正炎兄要钱购买郭大力、王亚南合译的《资本论》，那时只译出了第一卷。正炎兄当时很是诧异，责备我说："你花那么多钱买那本书干什么呢？"但是，那本书我是下决心非买不可的。

若问那么厚的一本书，都看懂没有？当然不可能全懂，但也不是完全不懂，毕竟之前还是有一定的知识积累，也有介绍和解读，因此似懂非懂，但是我有强烈的兴趣，要把它读下去。后来上了大学，我又通读了《资本论》第二卷、第三卷，可以说，《资本论》是一本对我影响很大的理论书。我以后大半辈子都跟这方面的知识打交道。

我把《资本论》第一卷通读了一遍之后，便产生了钻研经济学的念头。不过我选择经济学专业是有多方面原因的。一个原因是，我从小就对社会科学有特殊的爱好，但我也不偏科，文理科都很好，后来就对《资本论》特别感兴趣，《资本论》就是政治经济学著作嘛；另外一个原因是，当时我们国家贫穷落后，遭受外敌蹂躏，我从中学开始就经历了流亡生活的艰辛和痛苦，也看到了战争期间民不聊生的惨状，这些都促使我树立"经济救国"的志向。再一个原因就是，经济学涉及的会计、统计、工商等知识，都很实用，就业也相对容易。

1941年高中毕业时，我去重庆沙坪坝重庆大学，住在体育专科学院教授、我的姨父程登科处，参加西南联大、中大、浙大、武大四所大学联合举办的招生考试（四校联考），最后我选择了西南联合大学经济系作为自己的第一志愿。

之后，我就去昆明学经济学了。也是一路奔波，途经贵阳、安顺、曲靖等地，最后到达昆明。

三　曾经沧海

我的大学

西南联大是1938年才开始办的。

平津相继沦陷，清华、北大、南开三校南迁，在长沙临时组成一所大学，故称临时大学，战前清华在长沙预置了土地，以此作为临时救急之备，北大带出的家当更少，南开则被日本军炸了个精光。

1938年初，武汉战局吃紧，长沙也遭到日本飞机空袭。空袭警报声时时拉响，战火一天天逼近，临时大学不得不考虑再度南迁。

临时大学在长沙仅维持了一个学期，又不得不再行三千里，在昆明创办西南联合大学。先是在滇南蒙自办了半年，之后才迁到昆明。联合大学，顾名思义，就是要作长期奋斗的准备了。从湖南长沙迁往云南昆明，年富力强的徒步翻越崇山峻岭，年老体弱的绕道桂林出镇南关（友谊关）到越南同登改乘滇越铁路小火车到昆明。

1938年4月国立西南联大成立，三校优秀师资力量聚合，一时间人才荟萃，大师云集，这里有华罗庚、陈省身、吴有训、吴大猷、闻一多、朱自清、陈岱孙、费孝通、冯友兰、陈寅恪等，都是响当当的教授，声名远扬，吸引全国各地学子前来报考。联大179名正副教授中，有156名留过洋，拥有欧美大学博士学位的相当普遍。

西南联大校门

    国内第一个翻译凯恩斯的《就业利息与货币通论》的徐毓楠教授是很好的老师[①],剑桥大学博士,听过凯恩斯的课,他教我们高级经济学;陈岱孙是哈佛大学博士,担任西南联大系主任,教我们经济学概论和财政学。清华复校以后,陈岱孙是清华大学的经济系主任。西南联大经济系各门课程几乎都用外版教材,跟欧美看齐。联大基础课主讲教师都是最有名望的教授,这似乎也是不成文的规矩。在这里,可以听到陈岱孙、周炳琳、赵乃抟等名家的经济学课程,也可以选修冯友兰的哲学伦理学等诸多学科,还可旁听闻一多、朱自清、吴晗、郑天挺、王力、

---

① 1956年国家提出"向科学进军",徐毓楠教授着手翻译凯恩斯的《就业利息与货币通论》,紧接着就是1957年反右、1958年"大跃进"等运动,徐毓楠因与陈振汉、罗志如、巫宝三等六教授发表《我们对于当前经济科学工作的一些意见》而被划为资产阶级极右分子,1958年病逝。

费孝通、沈从文诸多教授的课，同时，还能听到李公朴、光未然等名家的报告，还有读书会、研究会，能够看到中国共产党办的《新华日报》和《群众》杂志等。联大学生虽然生活在一隅之地，捉襟见肘，但知识面很广，正如联大校长梅贻琦所言，"通才为大而专家次之"，这是联大的风格。

西南联大办学条件很简陋，先是借用中学校舍和会馆作教室，待到我上学时，联大已在文林街的昆华北院和北门外建起了简易校舍，其简易程度超乎现代人的想象：茅草房、煤油灯、几十人的大通铺。读书生活很清苦，经常吃不饱，很长一段时间每天只能吃两顿饭，早上喝稀的、晚上吃干的，米粒中夹杂着小石子，成了"八宝饭"。还不时地拉警报，躲避敌机袭击。对我们来说，这些困难都已经不在话下了。

西南联大是中国教育史上的奇迹，在那样艰苦的环境下，培养了很多人才。诚如陈岱孙在《国立西南联合大学校史》前言中所追忆的那样：

"西南联大在其存在的九年中，不只是在形式上弦歌不辍，而且是在极端艰苦条件下，为国家培养出一代国内外知名学者和众多建国需要的优秀人才。西南联大，这所其实体虽然今日已不复存在的大学，其名字所以能载入史册，其事迹所以值得人们纪念者，实缘于此。"[①]

[①] 西南联合大学北京校友会：《国立西南联合大学校史》，北京大学出版社，1996。

1946年5月,参加国立西南联合大学经济系1946级话别会的师生在昆明留影
前排左二为刘国光

总的来说,西南联大是民主主义、爱国主义的文化堡垒。联大的校歌也是很出名的,慷慨悲歌。

万里长征,辞去了五朝宫阙。暂驻足,衡山湘水,又成离别。绝徼移栽桢干质,九州遍洒黎元血。尽笳吹、弦诵在山城,情弥切。

千秋耻,终当雪;中兴业,须人杰。便一成三户,壮怀难折。多难殷忧新国运,动心忍性希前哲。待驱除仇寇,复神京,还燕碣。

在大学期间，我接受的主要是西方经济学知识。但是当时西南联大很开放，马克思主义经济学的书籍也允许读，也可以研究。所以，我就把《资本论》第二卷、第三卷都看完了。当时我既喜欢学习西方经济学，也对马克思主义经济学兴趣浓厚。后来，在赵乃抟教授指导下，完成学士论文。赵乃抟是哥伦比亚大学博士，研究欧美经济史。

最后我选择以马克思地租理论为主轴的《地租理论纵览》为毕业论文题目。以先前对剩余价值的理论分析为基础，这就融会了学习《资本论》的体会，特别是有关"租"问题的论述，与马克思的"租"理论联系开展比较研究。地租理论就出现在马克思《资本论》第三卷的最后部分。

可惜的是，这些论文在战乱中丢失了，后来就再也没有找到。在这篇初学者的论文中，我把当代经济学两大理论派别论述的东西都涉及了，而且以马克思主义理论为主。这似乎也预示了我后来对两种经济学之间关系的主张，即两种经济学理论都可以并用，但以马克思主义经济学为主导的观点，这种认识长期坚持下来了。

我于1941年入学，1946年毕业。1942～1943年曾到曲溪县立初中教书，休学了一年。第一次尝试独立职业，也算是一个锻炼。

西南联大到1946年算是正式结束，我赶上最后一年毕业。于是，我们搭乘西南联大的复员车回家。八年没有回家乡，学业又刚完成，自然是回家心切。"剑外忽传收蓟北……漫卷诗书喜欲狂。白日放歌须纵酒，青春作伴好还乡。……"① 当时正值战争刚刚结束，社会很不安定。从昆明到湖南，一路上崇山峻岭，一卡车一卡车的学生从后方往东运，途中很不安全。卡车翻山越岭，尘土飞扬，车上打出巨幅标语，上书"流亡学生还乡，江湖好汉留情"。所幸一路没有出什么意外。走了一个多星期，终于到达长沙。由昆明经长沙坐火车到武汉。在武汉，我们搭乘国际救济总署的难民船，在船上做服务员，最后回到南京，终于可以回家看看了。

我的流亡生活算是结束了。八年在外，回想起来真不简单，个人命运跟整个国家、民族的命运紧紧绑在了一起。

师生情谊

毕业时，西南联大介绍我去台湾糖厂工作，糖厂的厂长还是原国立二中的校长周厚枢，但是，由于考虑离家太远因而未去。

大学毕业后，我本想去清华当助教，但因名额有限没能去成。我的老师徐毓楠建议我先考研究生。遵徐毓楠教授的建议，8月到上海去报考清华大学研究生，考场就设在上海。

我五六月间回到南京，8月就到上海报考清华研究生了。徐毓楠是上海人，当时还留在上海，我去找他，以后就做了他

---

① 引自杜甫七律诗《闻官军收河南河北》其中的四句。

的研究生。就这样,我来到北平(今北京)。当时内战形势空前紧张,我离开南京时只好沿海路绕道上海、天津,最后到达北平,走进了清华园。这时的北平、天津都是一座座孤城,周围都是解放区,犬牙交错。

我在清华,徐毓楠指导我读书,探讨学习研究现代西方经济学问题。但是,我在北平只做了两个月的研究生,就转到天津南开大学去当助教了。

这又是什么原因呢?

1941年太平洋战争爆发后,英日断交,英国在华势力难以维系,英商和记公司关闭了,父亲从此失业,在亲戚帮助下开起了五金电器店。此时偏偏小店又面临拆迁,因而背上了许多债务,家庭经济困难,希望我能够承担一部分。当时在南开的张世英是我西南联大时的同屋好友,他就跟时任南开大学教务长的陈序经教授讲到了我的情况。陈序经也是西南联大的老师,有一次到北平来主动找我,说战后南开缺教员,需要人,问我愿不愿去。这正是我所求的职业。于是,我找徐毓楠商量,征求他的意见。

他说,你去吧,在这里做研究生也是看书,但只能解决你的吃饭问题,你到那里也可以看书,还有工资。

他同意我去。就这样,征得徐毓楠教授的同意,我就由北平清华大学转往天津南开大学,于同年12月到南开经济系做助教,一直到1948年。所以,1946~1948年我是在南开大学经济系任教。当助教,虽然钱少,但比穷学生要好多了。此间,我还在南开经济研究所兼管资料室工作,在经济研究所里,经常能够听到平、津两地名教授的系列讲座。

辗转工作

我在南开工作了两年,1948年秋就转到了经济研究所的前身——南京中央研究院社会研究所工作。一则是家里希望我回去能有所照顾,二则我那时已经恋爱,经倪永昌教授介绍,我与小学教员刘国贤(静萍)相识、相恋,当时北方战局不明朗,她也不希望北上。这两方面都促使我回南京。

从南开到中央研究院是陈岱孙介绍的,他写了推荐信。

调回南京之后,我在"中央研究院"社会研究所任助理员。同年9月25日,我同国贤完婚。

1999年9月,刘国光夫妇在加拿大尼加拉瓜瀑布前

接着就是南京解放。南京解放后，我参加了南京市手工业调查，是巫宝三带着我们搞调查。其间，写了一篇评论马寅初著作的文章，在《社会科学》上发表，这是我发表的第一篇经济学方面的论文。

1950年春季至秋季，我被中国科学院选派到北京参加华北人民革命大学政治研究班学习培训，比较系统地学习马列原著。

1950年11月，华北人民革命大学政治研究班八四组成员在颐和园
前排右一为刘国光

参加培训的都是旧社会的知识分子，他们的年龄比我都大得多，我成了他们中间的积极分子，还当了班长。

1950年冬至1951年春，我在南京市汤山区参加土地改革，工作在仙鹤乡。土改后，我与冯华德合写《土地改革对解放生产力的重大意义》，在《光明日报》上发表。

留学苏联

中华人民共和国成立后，迫切需要人才，需要选拔一大批人去苏联留学，以便将来更好地为国内建设服务。人才的前期筛查选拔都是在本人不知情的情况下进行的，要考察各方面的条件，当然很重要的方面便是政治立场、政治表现等。之后中国科学院通知我要到北京考试，考试地点设在北大。考试是笔试加口试，笔试当然没有问题，但口试环节也相当重要，是陈岱老、南汉宸面试的。陈岱老曾是西南联大经济系的主任，清华大学复校以后，又是清华的经济系主任。南汉宸是中国人民银行首任行长。

我记得当时他们提了这么一个问题：你从前是学习西方经济学的，现在送你去莫斯科学习马克思主义经济学，你对这两者的关系你怎么看？

我大致介绍了在西南联大的学习情况，也介绍了我对马克思主义经济学的自学情况，同时讲到我对两种经济学的认识：搞社会主义当然是马克思主义经济学居于主导地位，对于西方经济学科学的一面，也可以用来借鉴和参考。

今天的认识仍然是这样，马克思主义经济学对社会阶级关系的分析博大精深，符合最广大劳动人民的利益，符合社会公正原则，我们是共产党领导的以建设社会主义和共产主义为方向的国家，发展经济主要是为了广大人民群众的利益，而不是为了剥削者的利益。所以，坚持社会主义的方向，就必须坚持以马克思主义为指导，其中也包括马克思主义政治经济学的指导，这是丝毫不能动摇的。与此同时，西方经济学无论是古典经济学，还是现代经济学，也有科学的一面，比如，西方经济学对市场经济机理的分析是很精到的，有一定道理。但是，它也有庸俗的一面，它是为它的阶级利益服务的，宣传私有制是永恒的，宣传市场是万能的，一切以私利为轴心作为价值取向的标准，就不符合我们国家的价值取向。因此，它只能作为借鉴和参考，而不能以它为主流。

看得出来，两位面试官对我这样的回答还是比较满意的。经过了考试和政治审查，我于1951年10月到了莫斯科。

我是新中国选派的第一批留苏学生。第一批就派出了一百多人，各种专业都有。钱信忠是西南军区卫生部部长（1965年任中华人民共和国卫生部部长），他带队，也去做留学生。中国科学院共派了四名同志，有学数学、物理的，学经济的就我一人。以后就多了，第二批、第三批等，后面还有多个，如董辅礽、李京文等。

要算起来，冯玉祥的女婿罗元铮应该是到苏联学经济的第一人，早在1948年就在列宁格勒学习经济学，但他不是我们国家正式派出去的，而是因随冯玉祥、黑海失事而留下来的。我算是新中国政府第一次派出去的，以后的就多了。

从1951年10月至1955年6月，我在苏联莫斯科国立经济学院国民经济计划教研室做研究生，主要研究计划平衡表。当时国内经济还没有完全恢复秩序，但是中国将来一定要走社会主义，我们要为国家的社会主义前途作准备，所以我到苏联抱定决心一定要学好。而且，我所学的是计划经济中最重要的工具，叫作国民经济平衡，这个将来对中国一定很有用处。

我在莫斯科经济学院做研究生，先是补习俄文、补经济学的课，看指定的书，看研究报告，很少上课，主要是自学，写研究论文，参加计划经济教研室的活动。研究工作主要是在列宁图书馆，该馆离我们住处相距几站地，我每天一早啃几片面包，就到图书馆一天。整天都在图书馆里头，在那里写东西也很方便。那几年都是这么过来的，同时也参加学校的活动、中国留学生的活动，其他时间都在搞研究。

1953年5月，在莫斯科留学时的刘国光

在苏联留学期间，基本上都在莫斯科，偶尔到列宁格勒去一下，还有就是夏天到休养院、疗养院。大规模旅行只有一次，即1954年夏天由苏联共青团组织的中国留学生到伏尔加河考察，有半个月时间，沿着伏尔加河一直到达斯大林格勒和里海的港口。

我的副博士论文选题是《论物资平衡在国民经济平衡中的作用》，中心思想是分析国民经济计划平衡方法是实现马克思所提出的"劳动时间的节约和劳动时间的按比例分配的必要性"规律最重要的实践工具。这句话似乎有点拗口，当然这也是很精深的一句话，整个经济问题就是这么一个问题。通过节约劳动时间和按比例分配劳动时间来满足人们日益增长的生活水平的需要，这是最重要的经济规律。我主要论证国民经济计划平衡方法是实现这一规律最重要的实践工具。

在我留苏那段时间，苏联经济保持了平稳较快发展。我们看到的是，苏联居民的生活水平比我们国内要好得多，但是物资也很紧张，也要排队买食物。不过我们留苏那段时间，苏联物资紧缺的形势一直在好转，物价很平稳。我想这主要是计划经济的成就，这是活生生的现实。回国后苏联的情况很快变了，中苏关系也越来越紧张，这些都是始料未及的。

那年夏天，我完成了论文答辩，被授予副博士学位。毕业后我就回国了。

1955年，同学们在莫斯科车站欢送刘国光回国
前排左四为刘国光，前排左三为董辅礽

回到经济所

我7月份回国就直接到北京报到。南京的原中央研究院社会研究所此时已迁至北京，名称也在1954年改为中国科学院经

济研究所，解放初期巫宝三就已经在北京商讨搬迁事宜，那时我在南京未出国时已有耳闻。所以，我回国之后就进入中国科学院经济研究所工作，任研究所学术秘书。

回国之后大概有三年时间，也就是1955~1957年，我主要协助苏联专家毕尔曼对我国工业流动资金问题和货币流通问题进行调研，还兼任财金组代理组长。之后历任所学术秘书、国民经济问题研究室主任、经济研究所副所长、学术委员、《经济研究》杂志副主编。1962年，我被评为副研究员。

我先是介绍苏联、东欧的社会主义经济和社会主义政治经济学（曾用"柳谷冈"这个笔名），重点介绍国民经济综合平衡的理论和方法，后来又研究我国社会主义经济发展中的现实问题，重点是社会主义再生产理论和国民经济综合平衡问题。

四　拣尽寒枝

经济所来了孙冶方

1957年，孙冶方在国家统计局副局长任上，调到中国科学院经济研究所任所长，一开始是代所长，同时还兼着统计局副局长。孙冶方是老革命，重视理论研究，而且联系实际，追求真理，富有实干精神，作风硬朗。他不但自己搞研究，而且鼓励我们搞研究，带领大家致力于为我国经济建设和发展开拓一条理论联系实际的经济学研究之路。他很欣赏我，我也很配合他。

他刚从统计局调来经济所，当时统计局请了一位苏联统计专家索波里[①]来中国讲学，讲的正好是我所学的国民经济平衡。孙冶方就要我作为这个系列讲座的翻译和讲材整理机构组的负责人。我正好是研究这个领域的，恐怕也是最合适的人选。国家统计局现存的这套索波里讲学教材，还是最近从我这儿要去加以复制的，十个专题分了十册，有的还很厚。

索波里不单讲平衡表，还讲理论，讲商品生产和价值规律，这是非常好的，很有实际针对性，涉及整个再生产的规律。其实，孙冶方早在1956年6月就写过一篇文章《把计划和统计放在价值规律的基础上》，发表在《经济研究》上。应该说，他们两人的观点是相通的。而索波里所讲的这些内容，正好也是我熟悉的，因此感到很亲切。孙冶方对这些问题很有兴趣，我

[①] 时任苏联中央统计局国民经济平衡司司长。

们彼此也很默契。

孙冶方从统计局调到经济所之后，又调来了计委的杨坚白，从武汉大学调来董辅礽，就在1958年下半年成立了国民经济综合平衡研究组，杨坚白是平衡组的组长，我和董辅礽是副组长。同时，国家统计局也建有相应的平衡处。这样我们两家就一起到河南调查粮食实际产量、消费和投资失衡状况。当时认为是消费转化为积累出了问题，题目就是孙冶方出的，他提出了许多现实问题。

1960年，我被下放到河北昌黎县中梁山与马铁庄两地农村劳动了大半年之后，9月份就被抽调回来，参加孙冶方组织的《社会主义经济论》一书的写作。1960年有两个月集中在中央党校，1961年有两个月集中在香山饭店。主要成员有我、董辅礽、孙尚清、何建章、桂世镛、赵效民。孙冶方的"八大金刚"之说便由此衍生。另外，张闻天、骆耕漠、李立三有时也会来参加讨论。

我负责撰写《经济论》的两章，一是《社会主义经济发展速度的决定因素》，二是《社会主义经济的波浪式发展》。孙冶方评价《速度因素》这章是整个书稿当中写得最好的一章。

1961～1962年，平衡组还在杨坚白带领下赴辽宁、山西等省份，调查"大跃进"以来农轻重比例失调问题。调研促使我们深入思考重大的经济理论问题。

第一次学术"井喷"

为摆脱"大跃进"造成的国民经济困难，1960年9月，中央提出要对国民经济实行"调整、巩固、充实、提高"的方针，

1961年春,《社会主义经济论(初稿)》写作组成员在香山参加讨论会
前排左起:孙冶方(所长)、张闻天、杨坚白、冯秉珊、骆耕漠;后排左起:何建章、赵效民、王绍飞、刘国光、董辅礽、孙尚清、桂世镛、项启源、李琮、田光、江冬、黄道南

经济上出现的问题允许讨论了。

现实生活中出现的大量经济问题主要是违反客观经济规律造成的,这些问题的解决要求提供经济理论依据。在这种历史背景下,过去积累的理论知识一下子有了用武之地,获得广泛的实际应用,过去所学的理论自此有了可用的广阔天地。

也就是在1961~1964年那个阶段,我写就不少这方面的文章,针对现实问题,提出理论分析、论证,总结调整经验,探索发展思路。1961年发表了《关于社会主义再生产发展速度和决定因素的初步探讨》和《论社会主义经济发展的波浪式运动形式》两篇论文;1962年又发表了一系列的文章,对有关社会再生产问题,进行了多个侧面、不同角度的探讨。1980年出版《社会主义再生产问题》一书时收集了其中的15篇。这一阶段真正从事研究写作的时间主要集中在1960年前后,被人称为"第一次学术井喷"指的就是这一时期。

有评价说《社会主义再生产问题》一书是系统的科学著作,这当然是溢美之词,但是,力求把质的分析和量的分析结合起来,把抽象方法的运用和经济运动过程的具体分析结合起来,将各种因素的相互关系搞清楚,弄明白其他因素是如何通过经济因素的作用对再生产过程发生影响的,内在的这种结构体系还是有的。对于两大部类投资比例、扩大再生产速度和平均消费水平这些异常重要而复杂的问题,都尽可能地予以详细分析,阐述各种可能结合的方式,这些在当时看来还是有独到之处的。尽管是写于60年代初期,但这些理论观点和研究方法,特别是对经济过程的定性分析和定量分析方法,即便到了改革开放年代,仍有现实意义。后来,东欧、日本、印度、英国有人专门研究我的再生产理论思想,把这些东西当作经济增长的模型,重新表述并画了很多图表。

1962年1月我还参与了计委编写《国家十年计划工作》的总结工作,总结过去十年计划工作的经验,我负责起草有关积累与消费关系这个部分。

但是,到了1964年,即便是像这一类的研究工作实际上也干不成了。政治运动一开始,那些研究实际上都结束了,1965年赶上"社教"运动和"文革"动乱,所谓"井喷"也就早早地结束了。

打入另册被审查

1961年10月至1965年9月期间,经济研究所被纳入"社教运动",我因被划入孙冶方、张闻天"反党集团"的"一伙人"而受到政治审查。

开始时是整孙冶方、杨坚白,就从杨坚白1963年的《论生产价格》那篇文章开始整。

那篇文章是他和何建章合写的。当时的《红旗》杂志组织批判这篇文章,认为这篇文章是修正主义的谬论,准备兴师问罪。批判的矛头当然不单指向杨坚白,还指向了孙冶方,因为孙冶方支持杨坚白(的观点)。杨坚白曾这样描述当时研究所里的政治形势:"1964的批孙战役,第一炮是瞄准我打响的。记得是在6月下旬的一次座谈会上,针对我的生产价格文章,以倾盆大雨般的炮火来了个突然袭击。座谈会行将结束时,孙冶方声言:'生产价格的祸首是我孙冶方,下次会我发言,请大家批我。'冶方固然有为我开脱之意,不过他心里明白,明白人也都看得出,假如仅仅为了批判杨坚白,何必这样大动干戈。这本来就是个'引蛇出洞'之计,果然,孙冶方赤膊上阵了。"①

以后就成了"孙张反党集团",张是指张闻天,孙就是孙冶

---

① 《杨坚白选集》,山西经济出版社,1993,第3页。

方。1964年开始批判，说孙冶方是修正主义。到了1964年10月，康生派出70多人组成"四清"工作队，浩浩荡荡地进驻经济所，要整这个"反党集团"。批孙主要抓住两点要害，一是反对无产阶级国家统一管理经济，主张企业独立自治；二是反对按社会需要调节生产，主张利润调节生产。结论很清楚，孙冶方经济观点的实质在于"使社会主义和平演变为资本主义，是彻头彻尾的修正主义理论"，孙冶方因此成为新中国成立后第一个被公开点名批斗的著名经济学家，成了"中国最大的修正主义者"，从此被撤销党内外一切职务。明着批孙冶方"小小的一个经济所长，竟敢鼓吹利润挂帅"（康生语），背后要揪张闻天这个"总后台"。工作组对孙冶方的死硬态度曾有如此评价："抗拒党和群众对他的原则批评，态度十分骄横。"让他每天打扫厕所，刷洗痰盂。

在这场声势浩大的运动中，我们自然难以幸免。当然，不能直接把我们这些与孙冶方有思想瓜葛的人都打成"反党集团"，而是说成"这一伙人"，因而也受到政治审查。后来的一些经济学名家如孙尚清、桂世镛、董辅礽、何建章等也都包括在"这一伙人"当中。

1965年经济所就是整这批人。这样搞了一年多，所内的社教运动基本结束，下半年全所人员被下放到了房山周口店公社，继续到农村搞"四清"。

1966年就来"文化大革命"了，我们又回来搞运动。孙冶方、张闻天挨整，我们也被划为"黑帮"跟着陪斗，并下放到食堂劳动。

我们这些非主要分子不久就根据中央落实干部政策的精神得到解放。孙冶方则锒铛入狱，进了秦城。1965年9月先是被下放到北京城郊的房山县周口店公社大韩继大队进行劳动改造，到了1968年4月就被正式逮捕了，在秦城监狱关了整整七年，但他"一不改志，二不改行，三不改变观点"。1975年4月他"刑满释放"回到经济研究所就是这么说的。据他说，他在监狱里对《社会主义经济论》打了无数遍腹稿，为的是训练大脑记忆。出狱之后，上级部门让他写检查，他就讲"个人恩怨我从不计较，理论上的是非一定要弄清楚，符合真理的观点一个也不放弃"。

我很钦佩孙冶方坚持真理、不畏权威、敢于突破这种精神，我在做学问上深受其影响。

知识分子接受再教育

1969年11月，我们这些人在政治上被解放出来之后不久，全体研究人员又"一锅端"地被下放到河南信阳"五七"干校劳动，要从此扎根农村。当时学部下辖各研究所都编成"连"，不再称"所"了。文学所是五连，经济所是七连，既然是"五七"干校，所以就让五连、七连最先下去。走的那天，建国门内大街5号学部所在地敲锣打鼓送别，71岁的俞平伯和75岁的许宝驯夫妇俩走在队伍最前列。

从学部所在地到北京站很近，过了长安街便是，可是，从北京赶到目的地东岳公社（东岳乡），那就远了，先坐火车到驻马店，之后换乘汽车，一路颠簸。

杨绛的《干校六记》、顾准的《息县日记》写的都是那里的情况，杨绛所说的"地图上找不到的"东岳乡这块地，处于豫南淮河北岸，距离县城（息县）很远，地方很偏，地广人稀，至今依然是交通不便。到那里之后，我们白手起家，自建营房（平房），从头学起。顾准日记中记有"巫宝三脱坯，章有义制瓦，杨坚白和泥，骆耕漠装麻，林里夫拉车"，这些人已届花甲之年，也得干体力活，但当时都认为知识分子与生产劳动相结合，这是思想改造所需要的。

我在食堂、豆腐坊、猪场都干过，后来还当了养猪场的场长，最多时养过二百多头猪。我们养的都是很好的丹麦猪，猪场养的猪全部卖给外贸，多半是出口，我们自己要吃肉时则要从外贸手上买中国猪。拉回来的猪要走几十里地，用自行车驮着整头猪推回来，农村的土路又不好走，很不容易。原来是几头小猪，越养越多，猪多了劳神得很。光是养猪的饲料就不得了，要卡车运、大锅煮，很多人在我那里帮忙，想起来这些事情，我很怀念。修猪圈也不大容易，猪经常拱猪圈，拱开了之后四处跑，又把它们找回来。猪屎猪尿都得收拾，不分白天黑夜，很辛苦，但不把猪伺候好，人也不得安生。

1971年春，干校又从京汉铁路东面的息县东岳公社搬迁到路西信阳所属的明港军营里，集中那儿专搞清查运动。那里的条件相对好些，交通也方便，有现成的50年代盖的大营房，用不着再自己盖房子,各连队之间不过是几排房的距离,也不用劳动了,而是清查"五一六"分子等,如在北京那样继续在乡下搞"文革"运动。

借调计委先行一步

1973年,形势稍有缓和,这时,周总理就出面打招呼说,还是回来再搞运动吧。于是乎,整个学部的人又都回了北京,还是集中搞清查,如此又搞了两年政治运动。

1964~1975年,一直在搞运动,进干校劳动,研究工作则被束之高阁。

然而到了1975年,情况有所变化。

1975年"文革"还没有结束,正是乱糟糟的时候,别人还在参加政治运动时,我们先行恢复工作,来到了计委经济研究所,参加计委这边的工作。

这是于光远的功劳,要没有于光远,我们也不能这么早地脱产搞研究。当时,于光远在国家计划委员会成立了一个经济研究所,他任所长,把薛暮桥、许涤新都请过去,还到科学院选拔学术骨干。虽然孙冶方下了大狱,但我们这"几员大将"都被借调去继续从事研究工作。在当时的政治环境下,这里的条件可谓得天独厚。要知道,这些人都是孙冶方"一伙人"里的成员,有孙尚清、何建章、董辅礽、桂世镛和我。

于是我们这"几员大将"被调到了计委,这又是一番新天地。学部的其他人还在继续搞运动。到了计委之后，因"四清""文革"而中断了八年之久的研究工作又逐步恢复起来了。这段时期，我主要是参加计委综合局和研究室的合作考察调研。1976年夏、秋，我参加了计委组团调研考察国内华东数省市和罗马尼亚的工作。我又先后于1977年秋到中南数省市调研考察，1978年冬赴南斯拉夫考察。

1979年，许涤新任经济所的所长，孙冶方复出，我才调回经济所，任副所长，同时兼任国家统计局副局长（1981～1982年），这也是孙冶方所倡导的，理论一定要与实践结合，深入实际，发现和解决实际当中存在的问题。同年（1979年）4月我就参加了在无锡召开的社会主义商品经济和价值规律问题讨论会。就这样，我很快地投入下一个阶段火热的改革事业中。

中国计量经济学的摇篮

在经济所的环境中，对我的思想、研究触动和影响最大的人，恐怕要数孙冶方了。

前面已述，孙冶方是1958年到经济所，先是代理所长，后来当所长。跟他直接接触的第一件事情就是接待索波里来访，第二件事情是在经济所要设三个组，其中之一就是国民经济平衡组（也就是现在的宏观经济研究室）让我们来筹备，杨坚白从计委世界经济研究所调来做组长，我和董辅礽做副组长。后来我在孙冶方身边做学术秘书，兼任平衡组副组长，我们一起接触了很多事情，我还跟孙冶方一道出国。1958年12月，我跟随孙冶方到布拉格，参加在捷克斯洛伐克召开的世界社会主义国家经济研究所学术协作会议。1959年1～2月，我继续陪同孙冶方、勇龙桂访问苏联作学术交流，为期一个多月，参观访问莫斯科、列宁格勒、基辅三个城市。这也是一段比较重要的经历。从东欧访问回国之后，我协助孙冶方起草了长篇《访苏报告》，比较系统地介绍了苏联理论经济学和数量经济学的发展状况，整理、订正了几份访问资料，有苏联科学院经济、哲学、法学学部主任涅姆钦诺夫院士关于在经济学中运用数学方法问题的谈话纪要；苏联科学院经济研究所代理所长加托夫斯基教授关于商品生产和价值规律问题的谈话纪要；关于投资效果问题的全苏科学界讨论会的一些情况；苏联科学院"价值委员会的工作计划纲要"介绍；"投入产出法"的应用范围及其发展的一些主要方向；等等。

我国计量经济学就是从这时起步。上述资料包含大量重要信息，虽然当时没有公开发表，只有较少的人看到过，但它的影响是积极的，孙冶方回来之后就组建了数量经济小组，其中有乌家培、张守一等人。后来数量经济小组逐步发展扩大成了数量经济与技术经济研究所。

改革开放以后，在80年代初，美国克莱因教授带了一个经济学家代表团来中国，在颐和园办数量经济学习班，我那时负责管理这件事情。这些教授很辛苦，夏天很热，那时还没有空调，只能靠电扇吹，我至今记得他们。我们创立计量经济这门学科，改革开放以前主要吸收苏联经验，改革开放以后又吸收了美国的经验。这些我都参与了，推动我国开展数量经济研究和数量经济学科的发展。但是，后来由于工作的原因自己没有再从事这方面的研究。

90年代，在我的支持和帮助下，数量所申领了"总理基金"，进行经济形势分析和趋势预测研究，为宏观决策提供参考。这是一项长期研究项目，从1990年开始，每年春秋两季向社会发布《经济蓝皮书》，作为经济发展的晴雨表，影响也是越来越大。

值得感恩的人与事

回顾过去，除了前述与陈岱荪、徐毓楠、孙冶方、薛暮桥、于光远等人的交往事例之外，巫宝三对我也有较大影响。解放之初，解放军刚刚占领南京城，那时我很年轻，巫先生教我如何搞调查研究，怎么样调查、怎么样写调查报告，从南京城市手工业调查开始，那段时间他对我帮助很大。

巫宝三是国内少有的研究国民收入的专家，他知道我出国的事，建议我学国民经济平衡表。苏联计划经济最重要的手段是国民经济平衡表，最重要的理论方法是国民经济平衡，巫宝三指导我选择这个研究领域。

再一位是杨坚白同志，他是我的年长同事。他从国家计委世界经济研究室主任调任学部经济所平衡组组长，我任副组长，我们一起参加国家计委调查，到辽宁、河南、山西调查，他擅长调查研究，这些调研正逢"大跃进"之后三年恢复初期，感受很深，对我后来研究社会再生产的理论都很有影响，能够与实际紧密联系起来，在方法上对我有很大帮助，对此，我印象很深。

年纪大了爱回首往事，免不了想起与这些先师交往的故事。我在经济学领域的成长，是与上述这些我敬爱的老师陈岱孙、徐毓楠、孙冶方、薛暮桥、于光远、巫宝三、杨坚白等人的教导和帮助分不开的。

1964年，刘国光在厦门讲学期间，与杨坚白、厦门大学钱伯海在鼓浪屿
自左至右：杨坚白、刘国光和厦门大学钱伯海

五　改革时代

改革的春天来了

十一届三中全会之后，邓小平号召大家"解放思想、实事求是"，新的思想路线把人们的思想从过去教条主义的束缚下解放了出来。

1978年我写了《用经济办法管理经济》一文，文章是写在三中全会之后、六中全会之前。当时改革之风已经吹起来了，三中全会谈到了经济体制改革，改革风潮已起，虽然刘少奇同志还没有被平反，但是，究竟是用行政办法管理经济还是用经济办法管理经济，这个问题可以公开讨论了。早在20世纪60年代，刘少奇就提出过这个观点，孙冶方更是一直在提。三中全会提出过去的体制太死，要搞活一点，因此很自然地得出这个结论来了，我不过是推动了一下。

刚改革开放的时候，需要借鉴其他国家和地区的经验，考察它们的体制改革，如东欧的改革经验，亚洲"四小龙"的发展经验等，与各方展开对话和学术交流。我先后参加国家计委陈先率领的访问罗马尼亚（1976年）和南斯拉夫（1978年）代表团、于光远率领的赴匈牙利考察经济体制改革问题（1979年末）代表团、许涤新率领的到访我国香港（1980年）和英国（1981年）代表团以及梅益率领的到日本的访问团（1980年）。

整个改革进程是这样的，先是依着别人的样子对照自己的问题试着来，以后出现了许多问题、难题，不断地推着我们改，所谓改革模式是在不断摸索中形成和完善的,同时也在不断解决问题中得以充实和提高。

1981年,刘国光(左三)随许涤新所长(左四)访英时参观莎士比亚故居

探索经济改革之路①

1982年,我与国家计委柳随年、郑力受国务院派遣,到苏联做学术访问,考察其经济管理制度及其改革情况,以期寻找到一些可以借鉴的经验教训来推进我国的改革开放步伐,避免走弯路。这是中苏交恶20多年以来的首次学术访问。出访中途得知我被任命为中国社会科学院副院长、兼任经济研究所所长

---

① 参阅刘国光《我的经济学探索之路》,《毛泽东邓小平理论研究》2012年第5期。

和《经济研究》杂志主编。考察回国后，我写出了《苏联经济体制改革情况和问题》的报告，上报国务院。

苏联当时的经济管理体制，虽然经过了时间不短的几次有快有慢、有进有退的改革，但进展并不大。我认为，从苏联经济体制的整体情况来看，特别是在微观经济的管理方面，弊病还是很多的，不能解决传统经济体制中的那些老大难问题。苏联的体制如果不进行根本的改革，继续前进就会遇到困难。所以，从整体上看，苏联经济体制不能成为我们经济体制改革的方向和模式。我们应该总结自己的经验，摸索自己的道路。我们的改革有些已经突破了苏联传统体制的做法，我们应该坚持自己的改革方向，不能像苏联那样步履蹒跚，走走停停。

1982年2月，刘国光、柳随年、郑力（自右至左）出访苏联莫斯科、列宁格勒、基辅三城市

我国历史性的改革开放，使我的经济学研究进入了一个新的阶段，改革中提出的一系列新问题，要求我们抓紧研究和思考，这一时期是我的思想进展较快的时期，应该说，是时代推动我在经济学探索的道路上不断前行。

中国经济体制改革，乃至整个社会主义国家的经济体制改革，在理论上要认识、在实践中要处理的基本问题，是社会主义与商品经济的关系问题，这就要求我们对现实社会主义经济的商品经济属性及其根源进行深入、科学分析，在整个基础上，认识传统的高度集中的计划经济体制出现僵化等弊端的根源在什么地方。改革初期，我也比较集中地思考经济体制改革全部理论问题和实践问题的这个基点问题，当时是围绕社会主义经济中计划与市场的关系问题来展开对这个问题的研究的。

从计划与市场关系中寻找改革突破口

1979年4月，国家统计局和中国社会科学院经济研究所在无锡共同举办全国性的关于社会主义商品经济和价值规律问题的讨论会。会议由薛暮桥、孙冶方主持。我提交了论文《论社会主义中计划与市场的关系》，是与赵人伟合写的。论文提出了我们对社会主义经济中计划与市场关系的看法，认为社会主义经济运行机制不是单一的计划调节，而是可以实行计划和市场相结合。计划与市场二者既不相互排斥，也不是外力作用产生的一种形式上的凑合，而是由社会主义经济的本质所决定的一种内在的有机结合。文章提出可以对现行经济体制进行根本性变革,摒弃斯大林的集权主义经济模式,走计划和市场相结合的道路。此文改写本提交到1979年5月在奥地利召开的大西洋经济学年会,年会执行主席舒斯特(Helmut Shuster)给胡乔木电函称,该文受到年会的"热烈欢迎",认为"学术上有重要意义",并决定将此文同诺贝尔奖得主英国经济学家詹姆斯·E.米德的论文一同全文发表于《大西洋经济评论》1979年12月号,其他参会论文只发摘要。

这篇论文虽然还是局限在计划经济的框架内,但是计划和市场相结合这种提法本身,就是一个巨大突破,因而能产生广泛影响。此文刊登在中国社会科学院《未定稿》上,报送到某位中央领导同志那里,他看到后很重视,认为这是"标兵文章"。中共中央党校、国家计委、中国社会科学院等内部刊物全文转载了这篇文章。经过这样的宣传,文章的观点就传播得更广了。

取消指令性计划

1982年9月,我被选为中国共产党第十二次全国代表大会代表,在十二大上被选为中央委员会候补委员。

还在十二大召开之前,我应《人民日报》之约,写了《坚持正确的改革方向》一文,发表时正好赶上十二大召开。这篇文章较早地提出减少指令性计划,扩大指导性计划,计划应是指导性的,主要调节宏观层次,市场主要调节微观层次。这个观点为后来理论界确立"国家调节市场,市场引导企业"作了最初的探索。

显然,提出这样的观点,在当时看来是"不合时宜"的,很难为人们所接受。部分同志认为我动摇了计划经济的原则,以《人民日报》评论员名义发表批判文章,《红旗》杂志也发表署名的批判文章,掀起对我的批判。我事后了解到,为了我文章的事情,一位中央领导同志曾在1982年9月7日致信《人民日报》领导人,表示"发表这样的文章是不慎重的"。开完十二大,我从人民大会堂北门出来,正好遇到这位领导同志,他严肃地跟我讲:"你有不同观点可以向中央提出,但在报上发表与中央不一致的观点影响不好,要作检查。"于是,我在院党组会上作了检查。

当然,这一切都很快烟消云散了。后来的事实也证明此文的观点是正确的。但是,当时提出计划体制下要以指导性计划为主,确实是改革进程中的敏感问题,也是关键环节。

人们的认识随着改革的逐渐深入而不断深化。提出社会主义市场经济的第一人是邓小平,不是别人。我们不过是在这个总的指导思想下做了一些工作。1985年深圳建立特区后我们建议"要更多地发挥市场调节的作用"。1988年海南建省之前,我们搞的海南规划文本中正式提出"建立社会主义市场经济体制",这些理念与构想,最后得到了推广运用。

从计划经济的综合平衡谈起

"急躁冒进"可以说是中国经济发展过程中的一个顽症——

由于长期实行计划经济，经济结构比例失衡问题显得尤为突出——对经济增长速度不切实际的过高要求，导致结构性失衡，反而降低了经济增长速度。这种粗放型的发展模式比较适合规模扩张期以及相对紧张的国际环境，但很容易造成物质、精神的极大滥用。综合平衡就是降服"急躁冒进"的紧箍咒，有效地避免了经济上的大起大落。如果去掉这个紧箍咒，经济必然大起大落。"大跃进"就是在这个环节上出了问题。吸取这个教训，势必要回到综合平衡上来。

1981年，为配合全国学习《资本论》第二卷热潮，我在承德赶写关于马克思的生产劳动理论问题的讲稿，同时要回答如何平衡协调发展以应对经济过热现象。人民出版社就把这两篇相关的文章编成一个小册子结集出版。这件事情，我是事后知道的，当时并没有征求过我的意见。这本小册子当时发给县团级干部使用，作为辅导教材，影响也很大。

我对综合平衡问题的研究大体可分为三个发展阶段。50年代中期至60年代初期可算第一阶段。这一阶段除了研究、介绍、分析苏联关于国民经济平衡表方法论和一些重要经济指标计算方法论等问题之外，着重围绕再生产发展速度和重大比例关系进行研究。打倒"四人帮"之后到中共十二大以前，对国民经济综合平衡问题的研究进入了第二阶段。除了继续对经济发展速度和比例关系等问题进行深入一步的研究之外，重点就是扩展了综合平衡研究的外延，在总结新中国30年经济建设正反两方面经验的基础上，把综合平衡同速度、结构、效果、体制联系起来加以探讨。中共十二大以后，随着体制改革的深入开展，在新旧体制并存的情况下，曾出现宏观失控现象，加强宏观经济管理的问题便更加突出了。在这种情况下，综合平衡问题的研究又推向第三个阶段，即要把国民经济综合平衡同宏观经济管理联系起来。

计划和宏观调控都是搞好国民经济综合平衡的重要手段，过去陈云讲"计划是宏观控制的主要依据"，很多人并不重视，但这对社会主义国家的宏观经济管理来说，是十分重要的原则。

从搞好国民经济综合平衡发展到以后稳中求进的改革思路，则是下一段要叙述的曲折过程。

协调推进的整体改革思路

在思考计划与市场关系的同时，有关"双重模式"转变的思路也正在积极孕育之中。当时考虑这一问题，主要是着眼于经济体制改革和经济发展战略，需要有一个相对长期的规划。1980年10月，我在《经济研究》杂志第11期发表了《略论计划调节与市场调节的几个问题》一文，1983年9月23日在《人民日报》发表《再论买方市场》一文，首次提出改革就是要解决短缺经济进而向买方市场过渡的任务的观点。这一方面是对苏联式计划经济的反思，包括过去"大跃进"的教训；另一方面，也是对东欧国家经济体制改革的反思。改革需要有一个相对宽松的市场环境，这种要求越到后来越迫切。我所讲的宽松，指的就是要有买方市场，不能多搞赤字、多发货币。1983年8

1990年，刘国光在写作

月我在青岛写成《有中国特色的经济体制和经济发展战略的研究》一文。同年12月，《中国经济的发展战略问题》一文作为由我主编的《中国经济发展战略问题研究》一书的代序，交上海人民出版社出版。1984年12月以此文为后记的《论经济改革与经济调整》一书出版，这里面就包含了"双重模式转换"思想的萌芽。

对体制改革和发展战略的研究，也是形势的要求使然，1984年9月中共十二届三中全会作出关于经济体制改革的决定，提出了改革的总体构想，同时确立了有计划的商品经济的改革方向。这个阶段我做了大量研究和思考，提出一些看法和建议。《试论我国经济的双重模式转换》一文在1985年11月4日的《人

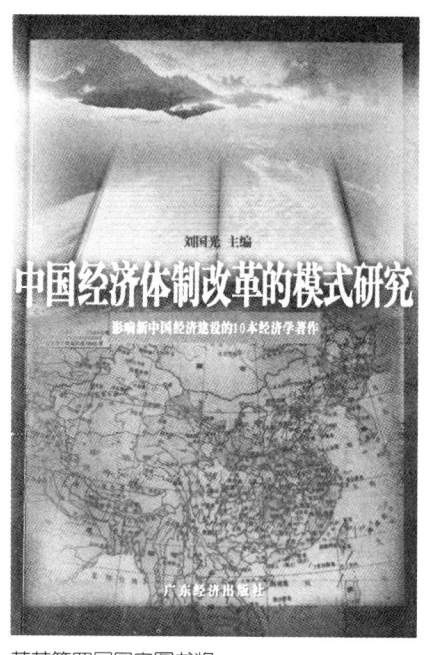

荣获第四届国家图书奖

民日报》上发表,该文第一次系统地提出了改革的对象问题,第一次从理论上揭示了经济体制模式与经济发展增长模式的双重(转换)任务。第一重是体制转换,后来演绎成了从传统的计划经济向社会主义市场经济转变;第二重是增长模式转换,就是指由粗放型增长方式向集约型增长方式转变,这是马克思再生产理论中早就明确提出来的东西,只不过要跟我们具体的改革实践结合起来。1987年7月,我主持的《中国经济体制改革的模式研究》一书出版,这本书反响很大,被评为"影响新中国经济建设的十本经济学著作"之一,获得中宣部和国家新闻出版总署评选的"1988年度中国图书奖"第一名。

1985年9月,中国社会科学院与国家体改委联合组织的"宏观经济管理国际研讨会"在来往于长江三峡的"巴山轮"上召开,邀请多国著名经济学家参会,中方有薛暮桥、马洪、廖季立、刘国光等经济学家,外方有美国的托宾、林重庚,英国的康·克鲁斯,法国的阿尔帕特,日本的小林实,波兰的布鲁斯，匈牙利的科尔奈等。会议集中讨论发展模式和宏观调控两大问题，尤其是如何防治通货膨胀问题，当时这个问题已火烧眉毛了。

1985年，"巴山轮"会议期间刘国光（中立者）与部分参会人员在三峡途中

匈牙利经济学家科尔奈建议我们中国要建立宏观调控下的市场经济，他分析了几种模式，其中就有这个模式。当时法国经济学家阿尔伯特说，他们法国就是实行宏观调控下的市场经济。宏观调控下的市场经济在后来十四大报告中也提出来了。但是资本主义国家的市场经济也有宏观调控，它也由财政政策、货币政策来调控市场的运行，区别就在于我们的宏观调控手段还包括了国家计划，国家计划是一个重要的宏观调控手段。后

来十四大专门强调了"国家计划是宏观调控的重要手段"。十四大没有专门提货币政策和财政政策,但并不是货币政策、财政政策就不重要了,它们也是很重要的,问题是这些政策在我们国家要由计划来指导,这个是质的不同。在资本主义国家像法国、日本、韩国、印度他们也有什么企划厅之类的机构,编制一些局部性预测性的计划。英国、美国这些国家就没有这些计划。中国不同,中国是社会主义大国,有必要也有可能在宏观调控中实行计划指导,让国民经济有计划按比例地发展。资本主义国家在宏观调控中无计划指导,所以经济危机就周期性地爆发,我们不能允许这样。国家计划不仅是宏观调控的重要手段,而且是宏观调控的主心骨,这是我们跟资本主义的不同。我们在所有制结构上以及在经济运行机制上,都要坚持社会主义方向。现在有些人希望所有制能够变成以民营或私营为主体,也不要国家计划和国家干预。岂不知,社会主义与资本主义的区别就在这里。

在最初提出"双重模式转换"的十年之后,也就是1995年,十四届五中全会通过的《中共中央关于制定国民经济和社会发展"九五"计划和2010年远景目标建议》中就提到,要实现经济和社会发展目标,关键在于实行两个根本性转变,一是经济体制从传统的计划经济体制向社会主义市场经济体制转变,二是经济增长方式从粗放型向集约型转变,并认为这是具有全局战略意义的。

又过了十年,也就是2005年,给我颁发首届中国经济学杰出贡献奖的重要理由之一,就是"双重转换理论符合当代中国经济演变的实际情况,为两个根本性转变决策做出了先行的论证"。应该说,双重模式转换这一思路符合当代中国经济发展的实际进程和演变方向。怎么才能走出一条中国特色社会主义经济改革道路,双重模式转换始终是挥之不去、长期萦绕在我脑海里的答案。

改革面临双重转变的任务

关于"双重模式转换"提出背景和立意初衷,我跟《中国经济时报》后来有过一段对话,能够从某个侧面反映一些情况,特辑录如下。①

问:1985年首次提出中国经济"双重模式转换"即经济体制模式和经济发展模式的转换问题。应该说,"双重模式转换"对中国的经济决策、经济改革和经济发展产生了重大而深远的影响。"双重模式转换"的主要内容是什么?您当时提出这一重大战略命题是基于何种背景和立意?

答:1978年,中共十一届三中全会作出把党和国家工作重点转移到经济建设上来、实行改革开放的战略决策以来,中国经济生活发生了深刻的变化。到了1985年,我就把这种变化做了一个理论上的概括,归结为两种模式的转换,即发展模式的

---

① 参阅《中国经济时报》记者崔克亮、实习生杨召奎采访刘国光《中国市场取向改革的最早倡导者》,载《中国经济时报》2013年7月8日。收录时略有改动。

转换和体制模式的转换。

所谓经济发展模式的转换,是指从过去以片面追求高速增长为最高目标,以外延发展为主要发展方式,以不平衡发展为主要发展策略,逐渐转变为,以提高人民生活水平为最高目标,以内涵发展为主要发展方式,以实现相对平衡的发展为主要发展策略。所谓经济体制模式的转换,是指从过去过度集中的决策权力结构、直接控制的调节结构、平均主义的利益结构、政企不分的组织结构,逐步改变为以增强企业活力为核心的多层次决策结构,以经济手段间接调控为主的调节体系,把物质利益原则和社会公正原则结合起来的利益结构,以及政企分开的组织结构,简言之,即从传统的计划经济体制逐步改变为市场取向的社会主义经济体制。

1985年8月26日,《世界经济导报》刊发了我的一篇题为《略论双重模式转变》的文章,在国内最早提出了"双重模式转变"理论。同年11月4日,我又在《人民日报》上发表了《试论我国经济的双重模式转换》一文,对这一理论作了进一步阐释。1986年12月,我还在香港世界华人社会经济研讨会上作了题为《中国经济大变动中的双重模式转换》的报告。后来,胡舒立于1995年4月11日在《中华工商时报》上发表了采访我的文章。她在那篇文章中写道:1985年11月,刘国光在《人民日报》发表了题为《试论我国经济的双重模式转换》的专文,提出了中国经济发展模式和经济体制模式的双重转换,在海内外引起不小反响。

1987年7月，我完成《关于我国经济体制改革的目标模式及模式转换的若干问题》一文（沈立人起草，刘国光定稿），作为我主编的《中国经济体制改革和模式研究》一书的"代序"。

应该说，双重模式转变是一个客观演变的过程，是从不自觉的过程慢慢变成自觉的过程。这一点从演变的过程可以看出。比如，经济体制模式的转变，我们最初是实行单一的计划经济体制，后来到了十二大的时候就变为"计划经济为主，市场调节为辅"，到了十三大的时候又变成"计划与市场有机结合"，最后到十四大的时候，才提出"建立社会主义市场经济体制"，这是一个逐步转变的过程。

关于经济发展模式的转变，十三大的时候我们就提出，"深化改革的每一项措施，归根到底，都要有利于提高社会经济效益"，不是速度为主而是注重效益。到了十四大的时候，提出"更加注重提高经济增长质量和效益"。到了1995年，十四届五中全会通过的中共中央关于"九五"计划的建议，吸收了"双重模式转变"的观点，但是没有用"双重模式转变"的提法，而是用"两个根本转变"的提法。"两个根本转变"，一是要实现经济体制从计划经济向社会主义市场经济体制的转变，二是实现经济增长方式从粗放型向集约型的转变。后来"增长方式"扩充为"发展方式"，内容更广阔了，实际上同"发展模式转变"的提法是一脉相承的。

问：关于转变经济发展方式，已经提了好多年，至今成效不彰。您认为，主要原因何在？

答：我们现在还是在完善社会主义市场经济体制，还是在讲转变经济发展方式，还是在讲要搞好这两个方面的关系。其实，两个模式转变是相互促进、相互制约的关系，搞好这两个方面的关系，还是我们今天需要面对的问题。因为"双重模式转变"在今天已经不仅仅是作为客观进程的描述，而是作为一项经济政策，内容也比过去更丰富、更完善了。

我们过去一直在提转变经济发展方式，已经提了 20 多年了，但是好像转变得很慢，老是在提，但是看不到头。为什么呢？这一方面是由于过去若干年，我们还是过于追求经济增长的速度，追求数量，追求 GDP，重"量"轻"质"所致。速度快了，发展模式的转变就会变慢，经济结构调整、技术进步、效益提高的进程就会变慢。另一方面，我们的改革被扭曲了，我们过去强调市场化的改革方向，片面强调市场的作用，相对而言忽视了市场经济前面的定语是社会主义。市场经济强调得多了，社会主义提得比较少了，造成了贫富差距过大，社会形成两极分化。

反对经济过热和通货膨胀

1987 年 10 月我被选为十三大代表，并在十三大上当选为中央委员会候补委员。12 月在李铁映主持召开的国家体改委关于"经济体制改革中期规划"研讨会上，我作了"稳中求进的改革思路"的发言，并以专访稿形式刊载在 1988 年 3 月 8 日《人民日报》（海外版）上。

1988年3月，我在十三届二中全会上作了题为"正视通货膨胀问题"的发言，反应强烈，反对的声音也很强烈。虽说"闯"的是价格关，但是在宏观经济条件极为不利的情况下，其实闯的是通货膨胀之关，对此我是坚决反对的。

当时正值通货膨胀高峰期，我在5月份由当时总书记召集中央各部委商讨价格改革的会议上提出反对的意见，理由是这几年物价连续上涨，通货膨胀预期正在形成当中，如果现在进行价格改革，势必会爆发全面抢购风潮。因此主张应当先用一两年时间治理好经济环境，再来进行价格改革。遗憾的是，我的发言未引起足够的重视。

我的有些言论传到社会上，妨碍了一些人的利益，曾有人寄信恐吓我，扬言要"用花生米"结束我的生命。但是，也有很多人支持我，比如这次发言得到了薛暮桥、戎子和（曾任财政部副部长）等人的来信鼓励，他们赞同我的观点，认为我的观点是对的。薛暮桥也不主张"闯关"，他作为经济学界老前辈，给了我极大的精神支持与鼓舞。后来我到了英国牛津大学，又写了另一篇《再论通货膨胀》，也是针砭时弊。

当时抢购已经出现，但还没有失控，而当中央政治局会议作出物价、工资制度改革决定时，这个公报一出来，场面完全失控，相当混乱，七八月份时到了见什么抢购什么、市场几乎被抢购一空的地步，8月底9月初就不得不实行治（理）、整（顿）、改（革），保证不再出台新的调价方案。这样才逐步将抢购风潮平息下去。

1988年11月30日，薛暮桥、我和吴敬琏三人受邀在中南海谈经济形势和物价问题。

适度从紧　稳中求进

在整个80年代的改革进程中，一方面是不断地放权让利，另一方面，财政负担特别是中央财政负担不降反增，使得通货膨胀如影随形，改革和稳定两方面的压力都无比巨大。宏观经济形势的巨大压力，也给改革增添了难度，使得改革空间不断收窄。事实证明，在关注发展的同时，必须更保证经济稳定健康良性循环。不正视通货膨胀会惹大祸，一意孤行只会使经济关系变得更加紧张，经济形势变得更加扑朔迷离，这对于改革和宏观稳定两方面都不利。

1990年代初期，刘国光、吴敬琏在薛暮桥家中
自右至左：薛暮桥、刘国光、吴敬琏

对此，双重模式转换是比较理想的实现方式，但当时似乎很难做到，甚至有时还走到了反面，演变成愈加严重的通货膨胀。这个时候，真正的考验和挑战出现了。

实际上，从1984年发现过热苗头时起，我们就提出了"为改革创造相对宽松环境"的政策主张，这个"宽松"当然不是指放松宏观调控，而是宏观调控要适度从紧，从而为改革创造更加有利的条件。以"稳中求进"改革思路为主要特点的"宽松学派"逐渐在社科院形成。在1987年探讨中期改革思路时，到底是以所有制改革为主还是以价格改革为主的讨论是很激烈的，当时社科院、国务院发展研究中心、北大等几家单位分别递交了各自不同主张的方案。

我们提出双向的、二者并重的综合改革思路，主张两个方面都不能偏颇，要折中。我们的方案无疑是中肯的，也是可行的，同时它也有力地批驳了"通货膨胀有益"论。针对当时的实际状况，我们提出整顿（经济秩序）治理（通货膨胀）、有选择地深化改革的中期改革思想。中期指的是1988～1995年。

过热就是不顾客观条件一味追求数量规模，求大求快，超出经济承受能力从而引起严重的通货膨胀。经济过热就得刹车，甚至要采取硬着陆的办法，这样刹得过快过猛，会造成大起大落。类似这种经历太多了，改革开放前后都经历了好多次。后来采取一系列加强和改善宏观调控的措施，采取适度从紧的政策，逐步将增长率、物价引导到合理的区间，实现"软着陆"。因而，"适度从紧"作为一项重要的中长期宏观调控政策写入了党的决议。

我在社科院历次宏观经济形势分析会上多次强调要采取"稳中求进"的改革思路。1996年8月21日,我在鞍山出席中国经济规律学会研讨会,作了题为"对当前经济形势若干流行观点的一些看法"的发言。一位中央领导同志阅知后,曾在一次全国性工作会议上讲:"我顺便向同志们推荐一下……社会科学院顾问刘国光同志8月21日在鞍山的一篇讲话,讲得非常好。我看刘国光同志的水平,不是一般的经济学家能赶得上的,他结合实际,他能用一些基础的经济学理论来解释当前经济生活中的一些现实问题,同志们学习一下,把形势看得清楚一点。"

在《薛暮桥回忆录》座谈会上回顾"硬着陆"及其教训 [①]

1984~1988年,中国经济一直处在通货膨胀和反通货膨胀的胶着状态,对于这段时期的经济,邓小平同志在南方谈话时有过评价,说这个时期国民经济上了一个新台阶。这是就经济发展来说的,这个时期经济发展确实很好,这是由于前一个时期农村改革带来的积极影响。至于这五年的改革,虽然党的十二届三中全会通过了改革决议,但包括价格改革、企业改革在内的各项改革,进展并不很理想。其原因就在于从1984年第四季度开始再次出现经济过热现象,断断续续一直延续到1988

---

① 节选1997年1月25日刘国光在《薛暮桥回忆录》座谈会上发言的有关内容。载《经济学动态》1997年第3期。

年下半年。对这几年的过热，当时也曾试图采取"软着陆"的办法，但是没有成功。主要是因为当时决策人对"软着陆"的决心不大，宏观调控措施不力。当时决策人遇到一些人大声惊呼经济滑坡，许多地方企业强烈要求放松银根，就在制止通胀问题上发生动摇，反过来又鼓励大干快上，这样，"软着陆"不能到位，经济又重新起飞。如此一再反复，最后酿成1988年夏季的经济波动，这与经济理论界一些人提出"通货膨胀无害"论有关，起了推波助澜的作用。当时事实上执行了一条容忍通胀的政策，或叫"缓和的通胀政策"。对此，以薛暮桥为代表的一批经济学家持反对态度，主张坚持制止通货膨胀，并努力理顺价格，为包括价格改革、企业改革在内的各项改革提供一个比较好的宏观环境。可惜当时这些正确意见未被接受，以致后来形势发展到难以为继的地步，被迫进行大的调整。

这里有一条很重要的经验是决策者对宏观调控要坚定有力，措施到位，不能一遇干扰和阻力就轻易放弃调控目标。特别是在根除旧体制下投资饥渴顽症之前，尤其要加强宏观经济管理，当然，防止需求膨胀和大起大落，还要从体制上解决软约束超分配的问题。我们现在强调，在整个体制转轨完成之前，都要坚持适度从紧、适时微调的宏观调控政策。这对于促进两个全局性的重大转变太重要了，没有比较稳定的宏观经济环境，天天忙于应付扑灭通货膨胀之火，什么增长方式的转变、什么经济体制的转变都谈不上。

保持宏观稳定的"软着陆"

1996年"软着陆"的成功,主要取决于宏观调控,同时它也为市场真正发挥作用提供了条件。两方面共同作用的结果,才能使中国特色社会主义的经济道路越走越宽,摆脱像1980年代那样紧张被动的局面。因此,我对"软着陆"的评价是很高的,它符合中国国情,是比较成功的调控方向,今后我们要更多地采取预先防范、前瞻性的微调措施,避免大起大落。

《论"软着陆"》是我应《人民日报》之约,由刘树成协助完成的,文章写出来之后,《人民日报》加了个编者按:1993年下半年以来,我国实施了以治理通货膨胀为首要任务的宏观调控。经过三年多的努力,到1996年底,宏观调控基本上达到了预期目标,国民经济的运行成功地实现了"软着陆"。到底什么是"软着陆",为什么要"软着陆",怎么样"软着陆","软着陆"提供了哪些宝贵的启示,《论"软着陆"》一文深刻而通俗地回答了这些问题。这是迄今为止总结宏观调控经验的一篇最好的文章,值得认真一读。

中性政策是我的一个重要观点,也是我对宏观经济的最近一次考虑。通过总结治理通货膨胀、通货紧缩的成功经验,最后得出中性的财政政策和货币政策这个结论。这是历史经验教训的总结。

"稳中求进"直到2017年中央经济工作会议才被确立为总基调,作为宏观经济治理的重要原则,是30多年来宏观调控坚持不懈的成果,是从宏观控制过于松懈导致经济过热的经验教训中提取出来的。当然，若再往前推，计划经济时代就有过热的毛病。这可以说是一个总病根，也是对"双重模式转换"的强有力的呼应。如果总量经济过于宽松，就会有通货膨胀，而且不可能有真正的市场，即便有市场竞争也难以有质量保证。

计划与市场之争终有结果[①]

经过多年的争论，在计划与市场关系问题上，经济理论界的两种思想情结都是很深刻的。一种是计划经济情结，一种是市场经济情结。双方都不否认对立面的存在，但非常执着地强调自己这一方面的重要性，所以有"为主""为辅"的长期争论。其实，作为资源配置的手段，计划与市场各有其正面优点与负面缺陷，我们要在社会主义经济中实行两者的结合，其目的就是要把两者的优点都发挥出来，避免两者的不足。

基于这个信念，在这一段争论的末期，我试图用折中的办法来解决计划与市场的这一情结纠葛。1990年5月在《求是》杂志举办的讨论会上、1991年5月在全国计划学会第二次代表大会发言中以及1991年10月在中共中央党校学术报告会上，还有其他一些场合，我都做了种种的努力。

针对计划与市场的两种情结，我提出了两个坚持和破除两个迷信的意见。一是要坚持市场取向的改革，但不能迷信市场；

[①] 参阅《中国市场取向改革的最早倡导者》，载《中国经济时报》2013年7月8日。收录时略有改动。

二是要坚持计划调控，但不能迷信计划。简单说来，计划的长处就是能在全社会范围内集中必要的财力、物力、人力，办几件大事，还可以调节收入，保持社会公正。市场的长处就是能够通过竞争，促进技术和管理的进步，实现产需衔接。但是，计划和市场都不是万能的。

十四大报告起草时，我有幸参与其中的工作。邓小平同志南方谈话以后，各方面经过学习，对计划与市场的关系、建立新经济体制等问题，有了一些新的提法。起草小组就经济体制改革的目标模式问题，归纳各方面意见，整理成三点，时任中共中央总书记江泽民同志1992年6月9日在中央党校讲话中讲到经济改革目标模式的三种提法：一是建立计划与市场相结合的社会主义商品经济体制；二是建立社会主义有计划的市场经济体制；三是建立社会主义市场经济体制。

关于这三种提法，江泽民总书记在中央党校讲话前，把我从玉泉山（十四大报告起草组驻地）叫到中南海谈了一次。他个人比较倾向于使用"社会主义市场经济体制"的提法，问我的意见。我赞成这个提法，说这个提法简明扼要，同时也提出一个意见：如果只用"社会主义市场经济"，不提"有计划的"市场经济，"有计划"这个方面可能容易被人忽略，而"有计划"对于社会主义经济是非常重要的。总书记说："有计划的商品经济也就是有计划的市场经济。社会主义经济从一开始就是有计划的，这在人们的脑子里和认识上一直是很清楚的，不会因为提法中不出现'有计划'三个字，就发生了是不是取消了计划性的疑问。"后来他在中央党校讲话中也讲了这段话。这段话讲得很好，确实是对的。几十年来大家确实都是这样理解的，社会主义本身就包括"有计划"。

为了给十四大提出建立社会主义市场经济体制作理论宣传作准备，中共中央几个部门于 1992 年 9 月 19 日在怀仁堂联合召开干部大会，举办系列讲座。我在讲座的开篇演讲《社会主义市场经济理论的若干问题》中回顾了对计划与市场认识的曲折演变过程，阐明了若干焦点问题。我说，建立社会主义市场经济新体制，要求我们更加重视和发挥市场在资源配置中的基础作用，"在这个基础上把作为调节手段的计划和市场更好地结合起来。在配置资源的过程中，凡是市场能解决好的，就让市场去解决；市场管不了或者管不好的，就由政府用政策和计划来管。现代市场经济不仅不排斥政府干预和计划指导，而且必须借助和依靠它们来弥补市场自身的缺陷，这是我们在计划经济转向市场经济时须臾不能忘记的"。这也算是我在向市场经济转轨的关口，对于不要忘记"社会主义也是有计划的"的一个呼应吧。

我一直主张的是市场与计划的"结合论"，既反对迷信市场也反对迷信计划。但是，现在看来，市场化的大潮太过汹涌，将我的"结合论"淹没了。现在社会主义市场经济体制在中国已经实行了 20 年，计划离我们渐行渐远。由于历史的原因，我们曾经对计划经济情有独钟，现如今，有些人从一个极端走到另一个极端，从迷信计划变为迷信市场，出现盲目崇拜市场经济的市场原教旨主义观点，犯了市场幼稚病。

我在多种场合反复强调，"要尊重市场，而不要迷信市场；不要迷信计划，但不能忽视计划"。我这样说是有根据的。我们建立社会主义市场经济体制，在理论上是以邓小平关于"计划与市场都是手段都可以用"的思想为依据的，在实践上是以改革开放以来的经验为基础的。我们决定建立社会主义市场经济体制，主张让市场在资源配置中发挥基础性作用，这是由市场这种资源配置方式的优点决定的，这方面，舆论界讲得很多了，无须赘述。

但我们也要清醒地看到市场经济有其弱点和不足之处，这就是市场调节具有短期性、滞后性、不确定性，而且，市场调节在某些领域是无效的。1992年6月9日，江泽民同志在中共中央党校省部级干部进修班上的讲话曾明确指出："市场也有其自身的明显弱点和局限性。例如，市场不可能自动地实现宏观经济总量的稳定和平衡；市场难以对相当一部分公共设施和消费进行调节；在某些社会效益重于经济效益的环节，市场调节不可能达到预期的社会目标；在一些垄断性行业和规模经济显著的行业，市场调节也不可能达到理想的效果。"因此，他说："这就要求我们必须发挥计划调节的优势，来弥补和抑制市场调节的这些不足和消极作用，把宏观经济的平衡搞好，以保证整个经济全面发展。"他还提出："在那些市场调节力所不及的若干环节中，也必须利用计划手段来配置资源。同时，还必须利用计划手段来加强社会保障和社会收入再分配的调节，防止两极分化。"①

当然，我们现在重新强调国家计划在宏观调控中的导向作用，不同于过去的"传统计划经济"。这是因为：第一，现在的国家计划不是既管宏观又管微观，不是无所不包的计划，而是只管宏观，微观的事情主要由市场去管。第二，现在资源配置的基础性手段是市场，计划是弥补市场缺陷的必要手段。第三，现在的计划主要不再是行政指令性的，而是指导性的、战略性的、预测性的计划，同时必须有导向作用和必要的约束功能、问责功能。市场与计划的关系只有社会主义国家才有，这是国家计划导向下的宏观调控，是中国特色社会主义市场经济所必备的内涵。所以，不应把"计划性"排除在社会主义市场经济的含义之外。一般来讲，在宏观领域，为了保持经济总量平衡和调整产业结构，可以多用一些计划手段；在微观领域，为了调动企业的积极性和主动精神，使企业充满活力，应该充分发挥市场这种手段的作用。

---

① 《江泽民文选》第一卷，2006，第201页。

六 晚年风波

回顾学术研究的几个阶段

我的学术研究大致可分为这样三个阶段:

第一阶段是回国以后到改革开放初始阶段,即50年代后期至80年代初,研究的是计划经济时期,以社会再生产、增长速度、比例、综合平衡为中心,主要工作是将实践中探索的计划经济加以理论化,以中国的实际经验为基础,包含了正面经验和反面教训。到80年代初期还在做这项工作。

第二阶段是改革的初期和中期,从十一届三中全会以后到2003年或2005年的改革中期。研究成果主要体现在以下三个方面:一是关于计划与市场的关系,改革也是从这里突破的,最终实现由计划经济体制到市场经济体制的根本性转变;二是发展模式转换,由粗放到集约、由外延到内含的转变,过去是靠规模、靠投资、靠人力物力消耗,以后要靠质量、效益,必须要向这方面转变,这与后来转变经济增长方式的一系列实际做法都有理论上的关联,包括调整产业结构、压缩过剩产能、科技创新、供给侧改革等。

上述两方面的转变彼此互为条件,相辅相成,不可或缺,需要同时着手进行。"双重模式转换"为十四届五中全会作出"两个根本性转变"的决策部署作了先行的论证。

伴随着"双重模式转换"并在此基础上还有一重转换,即在经济发展的调控体制领域、从综合平衡向宏观调控的转变——这是与"双重模式转换"同时进行并从属于"双重模式转换"的又一重大转变——既然经济体制、运行机制都改变了,那么,总量控制和结构调节的办法也得与时俱进跟着改变。当然,这种改变只是形式上的,虽然操作方式变了,但宏观调控和综合平衡的根本精神高度一致,无一例外都强调协调平衡,不走极端。

宏观调控是一大领域,内容很多,我的中心思想是反通货膨胀、反急躁冒进、从稳从中;主张适度松紧、中性政策。这一系列理论与政策主张都跟宏观调控有关,为稳中求进的宏观决策提供强有力的理论支持与智力支持。

第三阶段是进入 21 世纪初期以后的反思阶段,是随着改革不断深化而来的,主要有两方面反思:一是反思经济体制和发展方式,目的是要端正改革方向,巩固已有的改革成果,进一步处理好改革与发展过程中暴露出来的问题;二是反思经济学教学和研究指导思想,涉及马克思主义被边缘化、西方经济学侵占主阵地问题,这个问题至今没有引起足

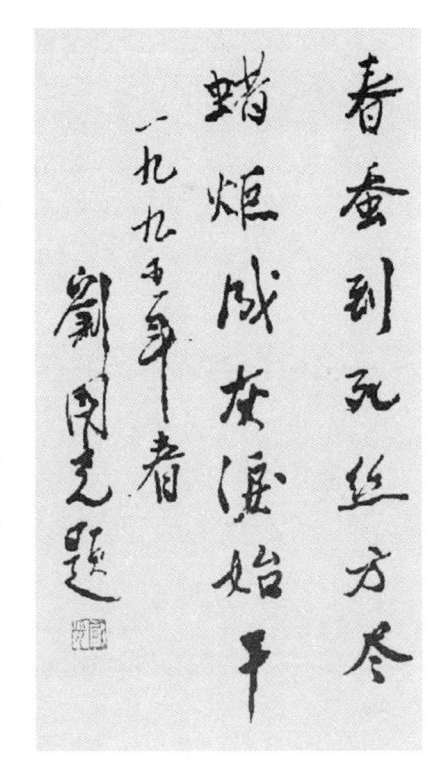

够的重视。这个阶段的反思，同时也带来我关于中国特色科学社会主义以及共产主义前景的积极思考，只是苦于脑体衰退，尚未完全整理出来。

下面着重讲讲第三阶段的一些情节。

两重反思掀起"刘旋风"[①]

2003年我的《八十心迹》《关注收入分配问题》以及2005年我的《中国经济学杰出贡献奖答辞》（以下简称《答辞》）、《谈经济学教学与研究中的一些问题》等系列文章，在社会上引起反响，尤其是反映经济学教学与研究中存在问题的谈话，引起社会的密集关注和热烈争辩，反应强烈，学界当时称之为"三大旋风"之一（刘旋风）。还有不少热心朋友称我这一时期的论述为"经济学新论"，召开系列研讨会专门讨论"刘国光经济学新论"。我也借此收集从2003年《八十心迹》到2009年一系列有关文章，出版了《经济学新论》一书。[②]

改革开放不断深入，在取得辉煌成就的同时，也出现了种种新的问题，需要反思总结，特别是改革初期和中期之后。当时我主要有两方面的思虑，一是反思经济体制和发展方式，二是反思经济学教学和研究指导思想，涉及马克思主义被边缘化、

[①] 参阅桁林《刘国光访谈录——改革要让最大多数人利益共享》，载《学问有道——学部委员访谈录》，方志出版社，2008。收录时有改动。

[②] 刘国光：《经济学新论》，社会科学文献出版社，2009。

西方经济学侵占主阵地问题。由此惹来风波,说我反对改革。

我当然不可能反对改革,而是反对反社会主义的改革。邓小平同志讲,反对改革是少数,赞成改革的占百分之九十九。改革使大多数人生活得更好,为什么不支持改革呢?当然会拥护改革。即使有人反对,也是就某点具体做法上反对,没有总体反对改革的,大家都赞成改革。现在有人把讲社会主义的人都说成是反对改革,把反对改革的帽子到处乱扣,把群众推向改革的对立面,目的无非是害怕大家说真话。

社会多元化、利益层次分化,有倾向性也是不可避免的,观点不同,在所难免,我讲的都是事实,得罪一些人、触犯一些人的利益,也是难免的。多数人还是赞同我的观点,反对我的人数不是很多,公道自然存,群众不说我反对改革,中央也

2003年,刘国光八十华诞和部分与会学生合影

没有说我反对改革。然而，在主流媒体上他们却很有市场。

那些反对我的人，心思很显然，其中有些人说白了就是要彻底地私有化、完全市场化，政府功能要最小化，做个打更人，搞新自由主义、"民主社会主义"那一套，扭曲社会主义方向。我只不过反对他们歪曲社会主义市场经济的那种改法。《答辞》所反映的情况，一点都没有错。我的这些观点，中央还是肯定的，认为这些观点很重要，需要研究一下。有关部门认真审读了我在获奖以后的所有文章，认为都符合中央精神、坚持十一届三中全会的路线、大原则大方向与中央一致，不存在反改革。这种判读对我来说是很大的精神支持。

"7·15"谈话与"刘国光之忧"

【编者按】刘国光在 2005 年 7 月 15 日《对经济学教学和研究中一些问题的看法》的谈话中提出了"两忧"。一忧经济体制改革的指导思想出现偏差，"有人认为西方经济学是我国经济改革和发展的指导思想，一些经济学家也公然主张西方经济学应该作为我国的主流经济学，来代替马克思主义经济学的指导地位。西方资产阶级意识形态在经济研究工作和经济决策工作中都有渗透。对这个现象我感到忧虑"。二忧"高校的领导权是不是真的掌握在马克思主义者手中？一旦掌握在非马克思主义者手中，那么教材（性质）也变了，队伍也变了"。对此，刘国光在 2005 年

11月23日的"刘国光经济学新论"研讨会上的发言有很好的说明，特此辑录。①

今天讨论"刘国光新论"，其实也不是什么"新论"。这些问题是好些时候、好几年积累起来的，大概从20世纪90年代后期一直到现在。不过，现在越来越严重，就是马克思主义的边缘化，西方经济思想在我们的教学以及经济生活甚至政治生活当中的影响。

马克思主义边缘化、新自由主义泛滥等现象，涉及到我们要不要马克思主义的问题，很多地方很多人对此都很疑惑。当然，西方经济学是需要的，问题在于它要成为我们的主流，要取代马克思主义。这就要引起大家的重视。舆论的影响还是很重要的，声音大一点有助于问题的解决。但是，光有舆论压力还不够，我提出来经济学教学方针的问题、教材的问题、教学队伍的问题，还有领导权的问题等一系列问题，都需要有关部门切实解决落实。

对于我2005年7月15日同教育部社科中心的青年同志的谈话，没想到引起了这么大的波浪，是问题本身牵动了大家思考，有很多人关心这个问题并在寻找答案，才会掀起风波。同年8月份整理出《简报》上报后，某位中央领导同志很快就作

---

① 参阅刘国光在2005年11月23日在"刘国光经济学新论"研讨会上的发言，载刘贻清、张勤德主编《刘国光旋风实录》，中国经济出版社，2006，第26～30页。收录时略有改动。

出批示，认为值得高度重视。

可见，中央态度还是很明确的，但是有关部门怎么落实的，我就不大清楚了。听说教育部派调查组到了一些大学，据说北京市一位很著名的大学的院长说，刘国光讲的跟我们这里情况不符合，我们这里没有这个情况。还有人说刘国光同志讲的话是给教育部"抹黑"。我听到的话不甚准确，大概是这个意思。

如果所有的大学经济院系、研究所、研究室都是这么汇报的，那我算是白说了。我在谈话中讲到"领导权"问题，这就是"领导权"问题！如果院长、主任都这么汇报，那就说明马克思主义没有占领阵地，西方的经济学（者）已经占领了主阵地。我希望有关部门能够切实地调查研究，认真应对。

关于经济学教学问题的讨论，阻力重重，如同一些同志所讲的，经济学界的反马克思主义、反社会主义，鼓吹私有化、自由化现象，已经形成一种社会势力，他们在政界、经济界、学界、理论界都有支持者。他们有同盟军，有话语权的制高点，许多人帮着说话。有的讲，现在渐进式改革已到了攻坚阶段，遇到了挑战，他们把人民的反应、马克思主义的声音当成了阻力和挑战。

一些所谓的"主流经济学者"和一些重量级媒体都三缄其口、集体失语，企图用沉默的办法消除影响，大事化小、小事化了，或是尽量跟你撇清关系、划清界线。多数人不了解情况，有些了解情况的人也在观望，有人打听刘国光有没有后台，有就紧跟，没有就紧批。这些人心里都很清楚，不敢正面交锋，用各种小动作，用笔名谩骂、讽刺，这些网上也不少。

我过去发表文章没有阻力，但一段时间里，写马克思主义的东西不容易发。问题不简单。即使那些报纸、杂志很尊重我，对"刘老""著名经济学家"恭维得很，也是外甥打灯笼——照旧不发一言。这些都说明坚持马克思主义经济学在经济学教学、研究工作，在经济决策工作的指导地位是一项多么艰巨的任务，需要持久不懈地斗争。

这场斗争引起了广泛而持续的关注，网上出现了大量好文章，两位有心人编了一本《刘旋风》，收录了其中一小部分，后来又有人搞了补录。编《刘旋风》的一位编辑叫刘贻清，因为去邮局寄包裹时突发脑溢血死亡，我很怀念他。我本不认识他，他编得差不多了的时候才来告诉我，说感到我们国家真的需要认真讨论这个问题了。他们编这本书，不是为了支持我，而是支持正确的意见，支持正确的改革方向，他们反对的就是私有化、自由化。

【编者按】十年之后，刘国光当年提出的问题非但没有解决，而且变本加厉。西南财经大学《财经科学》编辑部赵磊写的《刘国光之忧》一文，描述了马克思主义经济学教学与研究的现实当中令人担心的状况。现将赵磊文章摘录附后引以为证。①

---

① 赵磊：《刘国光之忧》，红歌会网，2016年3月23日。作者工作单位为西南财经大学《财经科学》编辑部。摘录时有删改。

政治经济学已经被边缘化到了何种程度,只要看看高校的学科建设、课程设置,以及科研导向的有关规定和制度设计,就清楚了。这里,我讲五个真实事例。

(1)讲授政治经济学的教师,自己都不相信马克思主义政治经济学。我校政治经济学专业有位教授就告诉我,她讲授《资本论》讲得很是压抑。听课的学生告诉她,您这里讲《资本论》如何如何科学,而同一个专业的老师却在隔壁课堂上铆足劲地大批《资本论》如何如何荒谬。结果搞得学生无所适从。政治经济学专业的教师不信马克思主义政治经济学,教师自己没有政治经济学的理论自信,遑论讲授这门课程了。

(2)政治经济学专业的研究生,根本不知道劳动价值论为何物。我所在的《财经科学》编辑部招聘专职编辑,有两位政治经济学专业的研究生前来面试。面试的老师出了一个问答题:"什么是劳动价值论?"这两位研究生吞吞吐吐了好一阵,回答:"劳动价值论就是具体劳动创造价值"。政治经济学专业研究生不知道劳动价值论为何物。

(3)为了自己不被边缘化,只有边缘化马克思主义政治经济学。为了评职称、拿课题、完成考核任务,为了不被同行歧视,更为了在主流学界获得一席安身立命之地,很多政治经济学专业的教师,尤其是青年教师,自觉不自觉地与马克思主义政治经济学划清界限,跟着讨伐马克思主义政治经济学。

(4)在马克思主义政治经济学被边缘化的语境下,"政治意识"缺乏必要的信仰支撑,所谓的"讲政治""顾大局"和"看齐意识"仅仅是服从行政命令的结果。作为意识形态重要阵地的社科学术期刊,很多主编并不是基于理想信念来讲"政治意识"的必要性,而是基于风向和利益来讲"政治意识"的必要性。东风来了吹东风,西风来了吹西风。

(5)党的各级干部,到底有多少信仰马克思主义,有多少真正了解马克思主义政治经济学?认为《资本论》已经过时,这是党内很多干部的普遍看法。最近有位政经专业的党的书记这样说:"《资本论》是一百多年前的理论,现在是建设时期,不是战争年代。"《资本论》研究的是资本主义生产关系,分析的是市场经济运行机制,揭示的是社会经济发展的客观规律,这跟打不打仗有什么关系?党的领导干部缺乏马克思主义政治经济学的基本素养到了如此荒谬的地步,遑论马克思主义的"三个自信"。

如何改变这种状况?早在10年前,刘国光老师就尖锐地提出过这样的问题:"高校的领导权是不是真的掌握在马克思主义者手中?"[1] 这真是一语点到了实质。必须高度重视问题的严重

---

[1] 原注:刘国光老师尖锐地指出:"领导权很关键。中央一再强调,社会科学单位的领导权要掌握在马克思主义者手中。经济院系、研究机构的领导权一定要掌握在坚定的马克思主义者手里。因为一旦掌握在非马克思主义者手中,那么教材也变了,队伍也变了,什么都变了。复旦大学张薰华教授对这个状况很担心,他说只要领导权掌握在西化的人手中,他们就要取消马克思主义经济学,排挤马克思主义经济学。"刘老不仅点到了问题的要害,还有针对性地提出了很有前瞻性的整改意见(刘国光:《经济学教学和研究中的一些问题》,载《经济研究》2005年第10期)。至今读来,仍有很强的指导意义。

性，采取有效措施，标本兼治。就我个人的体会而言，应当尽快从制度和机制上进行以下改革。

第一，从"治国理政"的高度加强顶层设计。高校政治经济学专业的院长和书记，必须是来自马克思主义政治经济学的专业人才。刘国光先生说得好：要"加强高等经济院校和经济研究机构各级领导班子的建设，使领导岗位一定要掌握在马克思主义者手里"。为此，应当不断加强领导干部的马克思主义信念和素养的灌输教育。

第二，从"政治方向"的高度抓好人才建设，抓好经济学领域"海归"的再教育。刘国光老师说："我们欢迎西方留学的学者回来充实我们对西方经济学的知识，充实我们对市场经济一般的知识，但是对于这些同志要进行再教育，特别是理工科出去的，过去没有接受过系统的马克思主义教育，要进行马克思主义的教育。"①

第三，从"意识形态阵地"的高度扭转科研导向。现在的经济学刊物拒登马克思主义政治经济学范式的论文，已经成了公开秘密和普遍现象。在社会科学的职称评定、课题评审以及各种评奖上，马克思主义意识形态尤其是马克思主义政治经济学必须深度介入，坚决占领，真正发挥应有的导向作用。

---

① 刘国光：《经济学教学和研究中的一些问题》，载《经济研究》2005年第10期。

分歧扩大：从分配问题到所有制问题

（一）效率与公平之争[①]

有人讲，刘国光不要效率第一，要公平、不要改革。这也算是我的一条罪状。我反对平均主义，不反对讲效率，改革就是要讲效率、克服平均主义，但讲效率要看在什么地方讲。我的文章《把"效率优先"放到该讲的地方去讲》[②]就提出，在生产领域要多讲效率，分配领域要侧重公平。这些话因为是在十六届五中会之前讲的，所以引起很大的争论。因为十六届五中全会原稿有"效率优先，兼顾公平""初次分配讲效率，再分配讲公平"之类的用语，十六届四中全会没有这些用语，但五中全会又回来了。

我的观点是，效率不是不重要，但不应当在分配上分谁先谁后，"效率优先"应放到生产领域（这是与另述发展模式转换中外延与内含、粗放与集约、资源数量的高投入与效率质量的提高等关系有密切关联的论点）。至于分配领域，需要公平与效率两者并重，要更加重视和强调社会公平问题。这篇文章我在2005年9月3日寄给了中央主要领导同志。不能说五中全会文件吸收了我的意见，但最后令人欣慰的是，在五中全会发表的正式文件里，证明我的观点同中央是一致的。

以前写的东西，争论主要是理论，从《答辞》开始的一系

[①] 参阅桁林《刘国光访谈录——改革要让最大多数人利益共享》，载《学问有道——学部委员访谈录》，方志出版社，2008。收录时有改动。

[②] 刘国光：《把"效率优先"放到该讲的地方去讲》，载《经济参考报》2005年10月29日。

列观点，如《进一步重视公平》《把效率优先放在该放的地方去》《反思改革不等于反改革》受到了批判，就不光是理论之争了，而是取决于各自的立场。

（二）分配问题的要害在于所有制结构①

在调整收入分配关系、缩小贫富差距这一问题上，我认为"需要从强化公有制为主体地位、制止私有化趋势来解决这个问题"。这似乎也引起不少争议。现在，一些人将收入差距过大的问题归结为政府权力过大、贪污腐败严重造成的。他们的逻辑是这样的，权力必然产生腐败，政府干预过多必然会导致官员收入过高、百姓收入过低，因此，解决两极分化问题就是让政府放权，一切由市场来解决。这种逻辑显然是错误的，他们如此渲染的目的不过是掩盖过度市场化和过度私有化才是导致中国居民收入两极分化程度严重等社会问题的根源。我认为，政府权力大小与贪污腐败有关，但不是直接因果关系，关键在于政府权力能否受到有效的监督和制约。改革开放之前，中国实行的是过度集中的计划经济，政府的权力比现在大得多，但腐败并没有现在严重，也没有出现收入两极分化的趋势。可见，腐败的产生另有根源，这与过度市场化所带来的社会道德风尚恶化有关，当然也不应忽视体制改革中的不完善、不成熟之处，譬如权力的市场化即权力寻租。

---

① 参阅《中国市场取向改革的最早倡导者》，载《中国经济时报》2013年7月8日。收录时略有调整。

实际上，贫富差距的扩大和两极分化趋势的形成，主要源于初次分配。初次分配中影响最大的核心问题是劳动与资本的关系。按照马克思主义观点，所有制决定了分配制，财产关系决定分配关系。财产占有上的差别，才是收入差别最大的影响因素。改革开放30多年来中国贫富差距扩大的根本原因，是所有制结构和财产关系中的"公"降"私"升和化公为私，财富积累集中于少数人。

因此，解决收入两极分化问题，不能仅仅从分配领域本身入手。仅仅通过完善社会保障和公共福利制度、调整财政税收以及转移支付等政策是难以从根本上解决这一问题的。我们需要从所有制结构、从财产制度上直面这一问题，需要从基本生产关系、从基本经济制度层面解决这一问题；需要从强化公有制主体地位的角度来解决这个问题。同时，我们也要改革财富和收入分配制度，坚持按劳分配为主，努力实现居民收入增长和经济发展同步、劳动报酬增长和劳动生产率提高同步，提高居民收入在国民收入分配中的比重，提高劳动报酬在初次分配中的比重。这样，我们才能扭转贫富差距过大的趋势，最终实现共同富裕。

"刘国光十论"：综述近年关于经济体制改革方向问题[①]

【编者按】上海市委党校高为学教授不辞辛劳梳理了

---

① 节选自高为学《刘国光十论——"中国经济体制改革的方向问题"述评》，载《海派经济学》2016年第4期。作者系上海市委党校教授，已离休。

刘国光最近几年反思改革的文章，概括了"刘国光之争"的关键问题，现经刘国光本人认可，特辑录如下。

从 2005 年 3 月刘国光的《中国经济学杰出贡献奖答辞》（以下简称《答辞》）发表以来，特别是 2005 年 7 月关于《对经济学教学和研究中一些问题的看法》的长篇谈话发表之后，在中国出现了"反思改革"的热潮。2005 年 12 月 12 日,《经济观察报》发表该报记者对刘国光的专访，题为《反思改革不等于反改革》。他对记者说："人民群众和学术界对改革有不同的看法，对改革进程中某些不合理的、消极的东西提出批评意见，是很自然的，我们不要把不同的看法说成是反改革。对改革进行反思是为了纠正改革进程中消极的东西，发扬积极的东西，将改革向正确的方向推进。不能把反思改革说成是反改革，你把那么多群众和代表他们的学者说成是反改革的人，硬往反改革的方面推，后果将是什么？"2006 年 3 月 11 日，他在《坚持正确的改革方向——读胡锦涛同志 3 月 7 日讲话有感》中，进一步从理论和实践的结合上做了深刻的剖析："一些人士讲现在出现了'一股否定改革、反对改革的浪潮'，其实不过是在改革取得巨大成功的同时，遇到了一些问题，人们在反思改革时，对改革的某些问题、内容、步骤有不同意见，这本来是很正常的。反思改革无非是总结改革的经验教训，邓小平同志一再强调对改革开放要认真总结经验，因为'我们的全面改革是一种试验，中间一定会有曲折，甚至大大小小的错误，那不要紧，有了错就纠正'。'对的要坚持，错的要纠正,不足的要加点劲'。邓小平同志说的话,多么充满辩证法的精神,多么符合世情事理。"

(一)关于"不坚持社会主义方向的改革同样死路一条"问题

一段时期内,"如果不改革就是死路一条"的说法很流行,且多半打着"邓小平同志说"的旗号。刘国光在书中针对这种情况,鲜明地指出:

"当前流行的'如果不改革就是死路一条'的说法,是不够精确,不够全面的。改革有不同的方向,改革到底是按社会主义方向还是按资本主义方向,这个问题还是要讲清楚。戈尔巴乔夫也曾坚持改革,他把苏联改到什么地方去了?……邓小平更指出,'有一些人打着拥护改革开放的旗帜,想把中国引导到资本主义,他是要改变我们社会的性质'。所以,不能简单地说'不改革就是死路一条'。准确地说,不坚持社会主义方向的改革,才是死路一条;坚持资本主义方向的改革,也是死路一条。"[①]"不要简单地重复'不改革就是死路一条'。这个提法容易把改革引导到错误的方向。查一查邓小平1992年'南方谈话'关于'死路一条'的全面表述,原来并不是简单的'不改革开放就是死路一条',而是先讲了极其重要的前提条件,其全句是:要坚持党的十一届三中全会以来的路线、方针、政策,关键是坚持'一个中心、两个基本点'。不坚持社

[①] 刘国光:《中国经济体制改革的方向问题》,社会科学文献出版社,2015,第10页。

会主义,不改革开放,不发展经济,不改善人民生活,只能是死路一条。我们不应该口头上片面地引用邓小平讲话中的个别语句,而要全面地坚持邓小平讲话精神。在涉及改革开放的话题时,不讲或者淡化四项基本原则,不讲或者淡化、歪曲社会主义,而只讲'不改革开放只能是死路一条',那就是有意识地或者无意识地把改革开放引向资本主义邪路。"[①]

刘国光关于"不坚持社会主义方向的改革同样死路一条"的论断,是完全正确和极其重要的,是十论"中国经济体制改革的方向问题"的挂帅之论。邓小平在"南方谈话"中的那段话,是强调要坚持党的"一个中心,两个基本点"的基本路线一百年不动摇,谁要改变这条线路,谁就会被打倒。他讲的"四个不"(不坚持社会主义、不改革开放、不发展经济、不改善人民生活),实际上是指背弃党的基本路线的基本精神,那就"只能是死路一条"。这是千真万确的真理。如果不是用老老实实的科学态度来理解这段话,而是别有用心,玩弄比断章取义更为"高明"的断句取义的"戏法",把"四个不"砍去了"三个不",光抽出一个"不改革开放",就拼凑出"不改革开放只能是死路一条"这一歪曲的结论,从而以"改革开放"取代基本线路的全部内容,排斥了作为基本线路的政治灵魂的"坚持四项基本原则",那就把真理变成了谬误,必将"在根本问题上出现颠覆性错误"。

[①] 同上,第 10~11 页。

（二）关于"社会主义本质"问题

刘国光在对马克思主义理论研究和建设工程政治经济学教材编写组编写的《马克思主义政治经济学概论》第三次送审稿提意见时，着重就"不同于其他社会制度的社会主义本质特征"问题，发表了许多精辟的意见。他指出：

"在书稿第374页说，'社会主义本质是指社会主义制度不同于封建主义和资本主义制度等社会制度的最根本的特征'。这个定义就生产关系来说，是正确的，但不能完整地解释邓小平1992年'南方谈话'提出的社会主义本质。邓小平那次讲的社会主义本质包含生产力和生产关系两个方面。生产力方面的特征是'解放生产力，发展生产力'。生产关系方面的特征是'消灭剥削，消除两极分化，最终达到共同富裕'。生产关系方面的社会主义特征确实是不同于资本主义等社会制度的特征。而生产力方面的特征则不能这么说，因为其他社会制度在成立初期也是'解放生产力，发展生产力'。"[①] "邓小平这次谈话之所以把'解放生产力，发展生产力'包括在社会主义的本质特征中，是针对当时中国生产力发展还极其落后……如果设想社会主义革命在生产力高度发达的资本主义国家取得胜利，就不会有把'解放和发展生产力'当作社会主义的本质特征和根本任务的说法，而只能是'消灭剥削，消除两极分化，达到共同富

---

① 同上，第22页。

裕'。"① "邓小平讲社会主义'本质'的地方并不多,他大量讲的是社会主义的'性质'、'原则'、'两个最根本的原则'、'最重要的原则'、'两个非常重要的方面'。概括起来,一个是公有制为主体,一个是共同富裕,不搞两极分化。他反复地讲这两点,而这两点同1992年'南方谈话'所谈社会主义本质的生产关系方面,又是完全一致的。"②

因此,他建议:"政治经济学对社会主义本质的内涵,应根据前述邓小平在众多场合所讲的精神,恢复其不同于其他社会制度的最根本特征,即生产关系方面的含义,而淡化他仅仅在一处('南方谈话')顺便提及的生产力方面的含义。"③ "在明确了社会主义本质就是区别于资本主义的特征即'消灭剥削,消除两极分化,最终达到共同富裕'之后,就可以进一步解决本质论与初级阶段实践之间的矛盾。社会主义本质是适用于整个社会主义历史时期的,包括初级阶段。在社会主义初级阶段,除了社会主义的主导因素包括公有制和按劳分配,还必须容许资本主义因素,如私有制和按资分配存在。因为有资本主义私有制和资本积累规律发生作用,所以必然有剥削和两极分化趋势的出现。社会主义就其本质来说是不容许这些东西存在的,但在初级阶段一时还做不到,为了发展生产力,只能兼容一些资本主义因素。社会主义就其本质来说,又是不能让剥削和两

---

① 同上,第23页。
② 同上,第23页。
③ 同上,第25~26页。

极分化过分发展的。所以要对资本主义因素加以适当的调节和限制。如果我们细心考察我国的根本大法就会发现,《宪法》已经对这个事情有了规定和对策。就是对基本经济制度规定了公有制为主体,对分配制度规定了按劳分配为主。这些规定就是为节制私有经济和按资分配的资本主义因素的过度发展,使其不致超过公有制为主体和按劳分配为主的地位,并演变为私有化、两极分化和社会变质。问题在于是不是认真按照《宪法》规定的原则去做。只有认真、坚决、彻底贯彻实行《宪法》的这两条规定,我们才能够在社会主义初级阶段保证社会主义本质的逐步真正实现。不然的话,就会发生前述邓小平假设的前景后果,那是我们必须防止出现的。"[①] 刘国光在这里讲得何等深刻透彻。

(三) 关于"基本经济制度"问题

刘国光在书中,首先分析了"社会主义初级阶段的基本经济制度的内涵"及其与"社会主义经济制度"的区别和联系。他指出:"正式提出初级阶段基本经济制度概念的是1997年的十五大报告。报告提出'公有制为主体、多种所有制经济共同发展,是我国社会主义初级阶段的一项基本经济制度'。"[②] "我国是社会主义国家,必须以公有制作为社会主义经济制度的基础。……因此,要把'社会主义经济制度'同'社会主义初级阶段的基本经济制度'这两个概念区别开来。'社会主义经

---

① 同上,第26～27页。
② 同上,第53～54页。

济制度'是'社会主义初级阶段基本经济制度'的核心。前者不包括非公有制经济,只有公有制是其基础;而初级阶段的基本经济制度中,包括非公有制经济,但公有制必须占主体地位。……可以设想,初级阶段结束,非公有制经济不会立即被公有制所取代。进入中级阶段,将是公有制经济进一步发展壮大,所占比重不断提高,而非公有制经济则逐渐减退,所占比重减少的过程。到社会主义高级阶段,社会主义经济趋于成熟,剥削制度和生产资料私有制经济将最终退出历史舞台。"[1] "我国还处于社会主义初级阶段,这是实行社会主义基本经济制度的理论和现实依据。但我们必须清楚地认识到,社会主义初级阶段也有一个时间的问题,不可能是无限期的。……从中国初步建成社会主义的 1956 年算起,到 20 世纪五六十年代后,就要着手向中级阶段过渡。但随着我国生产力的发展、科学技术的进步,一百年的初级阶段期限是有可能缩短的。提出这一点就是为了提醒当代的共产党领导人,不仅要埋头赶路,而且要抬头望远,时刻不要忘记社会主义和共产主义远景目标。在初级阶段的不同发展时期,针对出现的新情况、新问题,党的政策必须做出相应的调整和变化,防止我国走向偏离社会主义的道路。"[2]

接着,刘国光又进一步分析了如何坚持"宪法关于基本经

---

[1] 同上,第 55～56 页。
[2] 同上,第 56～57 页。

济制度规定"的问题。他强调指出:"社会主义公有制是社会主义制度的基础。公有制为主体也是初级阶段基本经济制度的前提和基础。坚持基本经济制度,首先要巩固公有制为主体这个前提和基础。"①"我们应该把私有经济的性质与作用分开来讲。只要是私人占有生产资料,雇用和剥削劳动者,它的性质就不是社会主义的。至于它的作用,要放到具体历史条件下考察。当它处于社会主义初级阶段,适合生产力发展的需要时,它还起积极作用,以至构成社会主义市场经济的一个重要组成部分。由于它不具有社会主义的性质,因此不能说它也是社会主义经济的组成部分。某些理论家则把非公有制经济是'社会主义市场经济的重要组成部分'偷换为'社会主义经济的重要组成部分',认为'民营经济'(即私营经济)'已经成为'或者'应当成为'社会主义经济的主体,以取代公有制经济的主体地位。这明显地越过了宪法关于基本经济制度规定的界线"。②

(四)关于"重视发展集体经济"问题

刘国光在书中针对这个问题,明确指出:"长期以来,社会各界对于邓小平同志'两个飞跃'思想尤其是对'第二个飞跃'重视不够,研究宣传不广,落实也不力。我们必须要看到,邓小平同志关于我国农村改革和发展的'两个飞跃'思想是站在历史的高度观察农村改革与农业发展得出的结论,经过实践检

---

① 同上,第57~58页。
② 同上,第62~63页。

验证明是符合我国农业发展规律的。因此笔者认为，我们要坚持'两个飞跃'的思想，抓住时机适时实现'第二个飞跃'。现在已经到了实现'第二个飞跃'的时候了。"① "对于传统集体经济模式，需要历史地、辩证地看。这种模式的出现，具有一定的历史合理性，在历史上也发挥了一定的积极作用。同时，应该看到，这种集体经济模式，经过改革后，已经焕发出新的生命力了，不少农村已经充分证明了这一点。"②

他坚决反对土地私有化，强调指出："一些舆论认为，土地不私有化，农民就没有真正的财产，也无法实现抵押金融化，农民收入和一般老百姓收入就难以增长更多，普通人的财产性收入就会很少甚至没有，使中国经济难以朝消费驱动型发展。所以主张在目前土地承包的基础上，让土地真正的私有化，把20世纪50年代从农民手里集体化来的土地还给他们。这种主张是站不住脚的，也是有害的。中国和外国的历史一再证明土地私有化并不能让农民富起来，只能引起土地兼并和贫富分化。如果土地私有化，就彻底否定了农村集体经济，也与改革开放的初衷是相悖的。"③

他还针对目前的问题，提出如下建议：其一，"面对贬损集体经济的这些错误观点，理论界要敢于站在马克思主义的角度为集体经济正名，理直气壮地宣传集体经济的优越性，反对集体经

---

① 同上，第89～90页。
② 同上，第90页。
③ 同上，第90～91页。

济被妖魔化"。① 其二,"建议有关部门起草发展农村集体经济的文件,核心是如何实现小平同志的第二次飞跃思想。全国成立集体经济领导小组,成员单位由中组部、农业部、中华全国手工业合作总社、中华全国供销合作社等单位组成。建议国家统计局、农业部调查全国坚持集体经济发展道路的村庄的具体情况"。②

(五)关于"让一部分人先富起来"问题

刘国光在书中首先分析了实行"让一部分人先富起来"的政策之后出现的问题:"在笔者的印象中,过去从来没有明确宣布过或者实行过'国富优先'的政策,倒是明确宣布过并实行了'让一部分人先富起来'的政策。这一部分人主要是私人经营者和有机遇、有能力、有办法、有手段积累财富的人群。……当初宣布实行这一政策的时候,就曾提出'先富带后富,实现共同富裕'的口号。但是多年来实践证明,'让一部分人先富'的目标虽然在很短的历史时期中迅速完成,但'先富带后富,实现共同富裕'却迟迟不能够自动实现。在市场化、私有化的大浪淘沙下,这也不大可能实现。相反地随着市场化、私有化的发展,贫富差距越来越大,两极分化趋势'自然出现'。反映贫富差距的基尼系数,从改革开放前的0.25,到1992年突破了0.4的国际警戒线;世界银行估计,2009年已达0.47。如果加上漏计的高收入、灰色收入、隐性收入,

---

① 同上,第91页。
② 同上,第92~93页。

估计现在已大大超过 0.5，远远超出资本主义的发达国家和许多发展中国家。世界银行报告显示，美国是 5% 的人口掌握了 60% 的财富，而中国则是 1% 的家庭掌握了全国 41.4% 的财富。中国财富的集中度甚至远远超过了美国，成为全球两极分化最严重的国家。"①

接着，他又分析了"先富易、共富难"的根本原因，"为什么社会主义的中国会发生一部人先富起来很容易，实现社会公平、克服两极分化反而非常困难？……党内一部分有影响的同志淡忘了上述一系列马克思主义关于社会经济发展规律的 ABC，所以在改革开放后实行让一部分人先富起来政策的时候，对于私人资本经济往往偏于片面支持刺激鼓励其发展社会生产力的积极方面，而不注意节制和限制其剥削和导致两极分化后果的消极方面，即与社会主义本质不相容的东西。先富带后富和共同富裕长期难以实现，贫富差距的扩大和两极分化趋势的形成，根本原因就在这里"。② 这里讲的"淡忘了上述一系列马克思主义关于社会经济发展规律的 ABC"，刘国光是指"小生产时刻不断产生资本主义的规律""资本积累必然引起两极分化的规律""资产阶级的两面性，特别是其嗜利逐利的本性"。一语破的，击中要害。

在以上分析的基础上，他又进一步论述了怎样才能"缩

---

① 同上，第 96～98 页。
② 同上，第 99～100 页。

小贫富差距,扭转两极分化趋势"问题。他说"应当指出,缩小贫富差距,扭转两极分化趋势,不能单纯靠国家财政调节手段。贫富差距扩大的原因甚多,如城乡差距、地区不平衡、行业垄断、腐败、公共产品供应不均、再分配调节滞后等等。必须一一应对。但这不是最主要的。按照马克思主义观点,所有制决定分配制;财产关系决定分配关系。财产占有上的差别,才是收入差距最大的影响因素。改革开放三十多年来我国贫富差距的扩大和两极分化趋势的形成,除了前述原因外,所有制结构上和财产关系中的'公'降'私'升和化公为私,财富积累迅速集中于少数私人,才是最根本的。"[1] "只要保持公有制和按劳分配为主体,贫富差距就不会恶性发展到两极分化的程度,就可以控制在合理的限度以内,最终向共同富裕的目标前进。否则,两极分化、社会分裂是不可避免的。"[2] "为了彰显中国共产党为实现中国人民共同富裕、不搞两极分化的决心,还是要落实和执行邓小平关于共同富裕和不搞两极分化的重要指示,尤其是不要回避邓小平一再提出的'如果我们的政策导致两极分化,我们就失败了'的告诫。要支持在共同富裕方面推行和获得群众拥护的地方成功探索,使之得到发扬推广。……要从所有制结构和财产关系的调整上,回归到以公有制经济为主体的社会主义基本经济制度上来,才能根本解决问题。"[3]

---

[1] 同上,第 106~107 页。
[2] 同上,第 109 页。
[3] 同上,第 116~117 页。

（六）关于"十八大后中国经济体制改革的方向"问题

刘国光认为，要回答十八大后中国经济体制改革的方向问题，必须首先明确"我们的改革目标"。他在书中说："我们的改革目标很明确，就是要建立社会主义市场经济体制，而不是资本主义市场经济体制；要建立以公有制为主体的市场经济体制，而不是以私有制为主体的市场经济体制；要建立有国家宏观调控和计划导向的市场经济体制，而不是自由放任的市场经济体制；要建立确保广大人民群众共享改革发展成果的市场经济体制，而不是为了方便少数人攫取巨额财富的市场经济体制。……但最近，有一种错误的观点对我们的改革目标进行了歪曲。如果对此种错误的观点不进行警惕和批判，就可能对我国下一步的改革走向产生不利的影响，对社会主义市场经济体制的完善会产生极大的危害。"①

此外，还"必须对当今中国有一个清醒的认识和判断"。对此，他作了如下的详细论述："下一步我们的经济改革的方向是什么？要回答这一问题，必须对当今的中国有一个清醒的认识和判断。今天的中国和三十多年前改革初期的中国有着明显的不同，国家的经济形势、社会矛盾、面临的国际环境都已发生巨大变化。依照十八大精神，2000年中国已建立起社会主义市场经济体制，并完善十多年，下一步改革的任务就是继续完善它，也就是说我们既不能回到传统计划经济体制，也不能把它变成资本主义市场经济体制。经过三十多年的改革开放，我国市场化程度

---

① 同上，第118～119页。

已不比有些西方国家低,不足之处需要完善,过头之处需要裁减,不宜简单地宣传'进一步市场化',否则,可能会带来由于过度市场化而引发种种灾难的后果;我国的所有制结构已发生深刻变化,国有经济的战线已大幅度收缩,如果继续对所剩不多的大中型国有企业进行私有股份化改革或改制,我国社会主义初级阶段以公有制为主体的基本经济制度将更难以维持;我国除广播、出版等极少数行业没有对外资大规模开放外,绝大多数行业已开放,如果继续盲目扩大开放领域或没有限制的开放,则可能给我国带来经济安全和文化安全的问题;我国的财富和收入分配不均的状况已相当严重,基尼系数大大超出国际警戒线,如果再不采取有效措施遏制收入两极分化不断扩大的趋势,则极有可能引发社会动荡,最终实现不了共同富裕的理想。"①

最后,他对十八大后中国经济体制改革的方向,作了简明扼要的概述:"十八大后,我认为经济改革应该从以下三个方面着手进行工作:一是做优、做强、做大国有经济和集体经济,发挥国有经济的主导作用和公有经济的主体作用;二是转变政府职能,提高国家的宏观经济调控和计划导向能力;三是着力改善民生问题,逐步解决财富和收入两极分化问题。"②

(七)关于"经济领域的阶级斗争"问题

在《关于当前马克思主义理论的一些问题》(以下简称文)

---

① 同上,第124~125页。
② 同上,第125~126页。

一文中，刘国光首先从现实斗争出发，对"阶级斗争"问题进行了这样的论述："《红旗文稿》2014年第18期发表的《坚持人民民主专政，并不输理》一文引起巨大关注，并遭到右翼'公知'的围攻。该文所讲的内容，都是在宪法和党的文件中明确阐明的，讲一讲'阶级斗争'，谈一谈'人民民主专政'，这本是很正常的，却遭到如此多的人恶毒攻击，这恰恰说明'阶级斗争'是存在的。……经过改革开放30多年的演变，中国的阶级结构是否起了变化？剥削阶级作为阶级是否又已重现？这个问题应该实事求是地判断。即使认为阶级斗争现在不再是国内主要矛盾，但在我国'文化大革命'后，阶级斗争事实上此起彼伏，长期存在，包括政治和意识形态领域的阶级斗争，有时还非常激烈突出。如20世纪80年代几次学潮动荡、1989年政治风波、21世纪初的西山会议、"〇八宪章"等事件；西方宪政民主、新自由主义、历史虚无主义等错误思潮，在思想文化领域的渗透和蔓延，无一不是各派政治力量的较量，或者是意识形态领域阶级斗争的反映。""阶级斗争不仅在上层建筑领域存在，而且在经济基础领域也有表现。"

接着，他又具体地分析了经济领域的阶级斗争："阶级斗争不仅在上层建筑领域存在，而且在经济基础领域也有表现。目前，不仅在私有企业存在着劳动和资本之间的矛盾，劳资纠纷此起彼伏；而且在某些异化了的国有企业中，也可以看到，随着工人阶级重新被雇佣化，高管阶层与普通员工之间也存在矛盾。经济领域存在的马克思主义与新自由主义的激烈斗争，主要表现在对'社会主义市场经济'认知上的对立。"在这一方面，"针锋相对的纷争，当然有理论是非问题，需要辨别清楚。但是，在更大程度上这是当今中国社会不同利益集团或势力的对决。反对市场经济的社会主义性质，主张私有化、自由化和两极分化的声音，虽然有雄厚的财富和权力的实力背景，但毕竟只代表少数人的利益。而主张以公有制为主体，以国家宏观调控为指导和以共同富裕为目标的声音，则代表了工农大众和知识分子群体的期望。所以，这场争论明显具有阶级分歧的性质。中国经济改革的前景，不取决于争论双方一时的胜负，最终将取决于广大人民群众的意志。"

（八）关于"正确认识市场与政府的关系"问题

刘国光在《中国经济体制改革的方向问题》一书和《关于当前马克思主义理论的一些问题》一文中，都论述过这个问题。他说："习近平总书记在《关于〈中共中央关于全面深化改革若干重大问题的决定〉的说明》中指出：'市场在资源配置中起决定性作用，并不是全部作用。'可见，市场的'决定性作用'是有限制的。根据这个精神，《决定》在提出市场配置资源的'决定性作用'的同时，也强调了政府和国家的计划作用，就是说政府和国家计划要在资源配置中起'导向性作用'。这样，市场与政府、市场与计划在资源配置中的'双重调节作用'的思想就凸现出来了。"他还进一步分析了市场和政府的分工问题。他说："在资源配置中，市场和政府应如何分工？依我看，按照资源配置的微观层次和宏观层次，划分市场与政府或计划的功能，大体上是可以的。市场在资源配置中起决定性作用，应该限制在微观层次，即多种资源在各个市场主体之间的配置，应由供求、竞争、价值规律来决定。而政府职能如行政审批等的缩减，也主要在微观领域。至于宏观层次上的资源配置，以及微观经济活动中对宏观方面产生重大影响的资源配置问题，如供需总量平衡、部门地区比例、自然资源生态保护、社会资源的公平分配以及教育、医疗、住房等问题，政府都要加强计划调控和管理，不能让市场这只'看不见的手'盲目操纵，自发'决定'。"

后来，他在《毛泽东邓小平理论研究》2015年第11期发表的《政府和市场关系的核心是资源配置问题》一文中，进一步指出："社会主义市场经济就不能只受一个市场价值规律的支配，而必须在市场价值规律起作用的同时，受'有计划按比例发展规律'的支配。所以《决定》所说的'市场决定资源配置是市场经济的一般规律'，单就市场经济来说，是绝对正确的；下面接着说'健全社会主义市场经济体制必须遵循这条规律'，也是对的，但是说得不够完整。因为社会主义市场经济要遵守的不仅是市场价值规律，这不是社会主义市场经济唯一的规律。以公有制为基础的社会主义经济，决定资源配置的就不是市场价值规律，而是有计划按比例发展规律，这就是为什么在社会主义经济中，计划和市场、政府和市场、自觉的调节和自发的调节、'看得见的手'和'看不见的手'都要在资源配置中发挥重要作用的理论依据。"

（九）关于"混合所有制改革"问题

在十八届三中全会文件起草时征求意见，刘国光在书中，"对原稿中第八点提到的'鼓励非公有制经济参与国企改革，鼓励发展非公有制经济控股混合所有制企业'的表述，提了意见：当然可以这样鼓励，反过来也可以鼓励公有制经济参与非公有制改革，公有制经济控股混合所有制企业。原稿的表述使人认为混合所有制企业似乎只能是私有控股，到底哪个控股好要看具体情况而定。还要加上一个意思，如果国有控股转变为私有控股，那么混合所有企业整体的性质也就起了变化"。①

他在文中，还进一步指出："这次的'混合所有制'形式上类似于'公私合营'，实质上完全不同。它是倒过来，以私有制经济参与国有经济的改革，但这是不是意味着也倒过来，把国有经济逐步改造成为私有经济，成为向资本主义过渡的一种暂时的所有制形式呢？我觉得不应当是这样的。……社会主义初级阶段要向高级阶段过渡，而向高级阶段过渡当然不能是向私有经济过渡，而且这个过渡时间很长，所以混合所有制经济不应当是一种短暂的向资本主义私有制经济过渡的形式。……无论如何都要守住公有制为主的底线和国有资本控股的底线。""国企改革和发展混合所有制经济，一定要坚持社会主义的方向，坚持社会主义基本经济制度的根本原则，防止财富和收入分配通过所有制结构的变化向少数人手中集中，强化两极

---

① 同上，第145～146页。

分化的倾向。"

"不能随着混合所有制经济的发展，使国有经济越来越萎缩，非公有经济越来越扩张；也不能随着混合所有制经济的发展，国有资本越来越小，国有资产最后都'混'没有了。持这种'把混合所有制看成国退民进，公退私进，国有企业私有化形式'主张的人，的确大有人在。""在目前国有经济在国民经济占比已经大大缩减的情况下（已经缩减到20%），如果继续对所剩不多的大中型国有企业进行国有股减持，那么我国公有制为主体的基本经济制度将更加难以维持，'社会主义市场经济'将摇摇欲坠，就会变成'资本主义市场经济'。因此，搞混合所有制经济不是简单地进行国有股减持，而是要放大国有资本的功能；不是把国有企业一卖了之，而是要确保国有资产的保值增值；不是只允许私有资本参股甚至控股国有企业，而是同样允许国有资本参股甚至控股私人企业；不是削弱公有制经济的主体地位，而是要加强社会主义的经济基础。"

（十）关于"防止'经右政左'导致社会分裂"问题

刘国光在书和文中分析这个问题时，首先指出"经右政左""是一对矛盾的概念"。他说："现在，海内外对中国政治经济形势有一种流行的说法，叫'经右政左'，即在经济上更加趋于自由化、市场化，放开更多管制领域；似乎我国在经济领域偏右，而在政治和意识形态领域偏'左'。姑且不论'经右政左'说法是否准确，从理论上讲，这是一对矛盾的概念。按照历史唯物主义的基本原理，政治、意识形态等上层建筑是由经济基础决定的。如果上层建筑与经济基础方向一致，就可以巩固经济基础；如果经济基础与上层建筑偏离，那么就会使经济基础发生变异，原来的上层建筑也会有坍塌之虞。"

他从理论上揭示了"经右政左"的"矛盾"之后，进一步分析其政治危害性。他指出："有人分析，'经右政左'的局面难以长久持续，可能会导致社会分裂。社会主义经济如果长期受到西方新自由主义经济思想的侵蚀，使自由化、私有化倾向不断上升，计划化、公有经济为主体的倾向不断弱化，社会主义经济基础最终就要变质，变成与社会主义意识形态等上层建筑不相容的东西。而随着私有经济的发展，资产阶级力量壮大，其思想如西方宪政民主的影响也在扩大，迟早他们会提出分权甚至掌权的要求，那时即使在政治思想上坚持科学社会主义做多大的努力，恐怕终究难以为继。这是由经济基础决定上层建筑所决定的，不以人的意志为转移。对此，我们一定要有清醒的认识。必须防微杜渐，不仅在经济基础领域，而且在上层建筑领域都要反对和平演变的侵蚀。"

"当前，意识形态领域的斗争形势严峻，各种反马克思主义思潮甚嚣尘上，比如新自由主义、民主社会主义、历史虚无主义、'普世价值'、西方宪政民主等思潮很有市场。意识形态领域的混乱状况，必须引起我们的高度重视。""上层建筑领域和经济基础领域的上述种种问题，都与阶级、阶级矛盾、阶级斗争的存在有关。我们不能视而不见，淡化置之，走向阶级斗争熄灭论。……如果我们淡化阶级观念，走向阶级斗争熄灭论，使'马克思主义'和'社会主义'蜕变为资产阶级'可以接受的'东西,就必然重蹈苏联亡党灭国的覆辙。"

在刘国光"反思改革"所得出的"十论"中,其核心思想就是要坚持"改革是社会主义制度的自我完善"的性质,以达到"有利于巩固社会主义制度,有利于巩固党的领导,有利于在党的领导和社会主义制度下发展生产力"的目的。进行这种社会主义改革,就必须坚持毛泽东关于社会主义社会基本矛盾的理论。毛泽东认为,在我国社会主义社会中,生产力和生产关系、经济基础和上层建筑是基本适应的,因此,我们必须坚持社会主义的基本制度,但又存在不相适应的方面,因此又需要改革。他说:"我们国家要有很多诚心为人民服务、诚心为社会主义事业服务、立志改革的人。我们共产党员都应该是这样的人……我们还需要有一批党外的志士仁人,他们能够按照社会主义、共产主义的方向,同我们一起来为改革和建设我们的社会而无所畏惧地奋斗。"[①]毛泽东同志在我国社会主义制度建立初期,就把改革同解决社会主义基本矛盾联系起来,并且强调这种改革必须"按照社会主义、共产主义的方向",今天,我们必须以这种伟大正确的理论,指导社会主义改革的实践。只有这样,才能把握改革的正确方向。

---

① 《毛泽东文集》第七卷,人民出版社,1999,第275页。

第二部 自述回顾

一　综合回顾

研究工作汇报（1979年）

【编者按】这是刘国光1979年重回经济所后起草并上报经济所领导的材料，手稿保存至今（落款时间为1979年6月2日）。首页写有"打印35份，靳"字样，"靳"系靳汉生，时任经济所办公室主任。

（一）

我于1946年毕业于西南联大经济系。1946～1948年在南开大学经济系任教。1948年下半年转到经济研究所的前身——社会研究所来。1951～1955年在苏联莫斯科经济学院国民经济计划教研室进行研究生的学习，1955年写出《国民经济计划中的物质平衡》，被授予副博士学位。1955年夏回经济研究所工作，以迄于今。历任所学术副秘书、国民经济问题研究室主任等职，历任经济研究所副所长、学术委员、《经济研究》杂志副总编。1962年在经济所被评为副研究员。

我虽然长期在研究机关工作，但由于种种原因，真正从事研究写作的时间是有限的。从所附著作目录上的研究成果发表或完成的时间看，主要集中在1960年前后几年和粉碎"四人帮"后的近一两年。我的研究成果中已发表的著作，包括专论、学术资料文章、小册子等，初步估计约50种50万字，内容涉及政治经济学、社会主义部分的广泛领域,主要是社会主义再生产和国民经济计划平衡专业领域。最近,应人民出版社的要求,从过去论著中选出十余篇约二十余万字编纂成《社会主义再生产问题》专书,将于年内出版。未发表的,包括参与国家计委研究国民经济计划工作起草的文件(如《关于1977年国民经济计划汇报提纲》),参与其中批"四人帮"的"十个要不要"等部分的起草,参与起草的出国考察报告(如1959年访问苏联的考察报告;1979年访问罗马尼亚、南斯拉夫的考察报告),以及其他调查研究报告、研究资料、内部文章、讲学稿等,初步估计二十余种,约三十万字,此外,还参与编辑出版文集三种,约八十万字;译校的著作、论文近二十种,数十万字。

(二)

我在社会主义再生产和国民经济计划平衡专业领域进行了比较系统的研究。通过一系列专论,对社会主义再生产的一些基本理论问题,如简单再生产和扩大再生产的关系问题,外延的扩大再生产和内含的扩大再生产的关系问题,扩大再生产的基本公式问题等,提出了自己的一些独立见解。同时,还在以下几个重要方面进行了专门的研究。

(1)社会主义再生产的速度、比例问题。这方面的主要论著有:《关于社会主义再生产发展速度的决定因素的初步探讨》(1961年)、《关于社会主义再生产比例和速度的数量关系的初步探讨》(1962年)、《论积累对消费资料的需求和消费资料生产对积累的制约》(1962年)等。过去我国经济学界在这方面的研究，一般偏重于从哲学概念上讨论速度与比例的矛盾统一关系。我的一系列文章，则试着把这个问题的研究，进一步推向对决定速度和比例的经济机制进行探索，从数量分析和质量分析的结合上找出具体的规律性。《关于社会主义再生产速度与比例的数量关系的初步探讨》一文，在日本《现代中国》（1963年第38号）山名正孝曾有评价称之为"中国的经济成长论"，《东亚经济研究》（1963年第37卷第1号）等学术刊物上曾有援引，也收到不少读者来信探讨问题。我在《经济研究》1962年第11期发表的《有关再生产速度决定因素的一个问题》，就是对国外读者来信的一个答复。国内一些报刊曾报道介绍我在社会主义再生产问题上的文章和观点。北京大学经济系、武汉大学经济系，曾邀我就这方面问题进行了讲学。

（2）固定资产再生产问题。这方面的主要论著有：《关于固定资产的使用价值和价值的表现形态的一些问题》（1963年）、《折旧基金和扩大再生产的关系》（1963年）、《关于固定资产无形损耗和更新的一些问题》（1978年）等。社会主义社会中固定资产再生产问题，过去在我国经济学界基本上是一个空白。

在《红旗》杂志社1963年组织的双周座谈会的推动下，通过我和我指导的国民经济平衡组的同志在这方面的探索，大家对这一研究领域的开辟，尽了一点微薄的力量。从国民经济范围人力、物力、综合平衡的角度对固定资产的更新补偿和扩大再生产进行统一的考察、对基本折旧基金的提取使用同扩大再生产之间的数量关系进行探索所找出一些具体的规律性等，都是具有一定的创新意义。1964年，厦门大学经济系和福建省经济学会曾邀请我就固定资产再生产问题进行了讲学。我在固定资产无形损耗问题上提出的一些观点，在经济理论工作者和实际工作者中间都曾引起热烈的讨论。

（3）国民经济计划平衡问题。这方面，除了在50年代后期，通过一系列文章，系统地介绍苏联国民经济平衡表的理论和方法论外，还在调查研究我国计划平衡工作经验的基础上与其他同志合作写出一些文章和调查研究报告。其中，《在实现社会主义建设总路线中国民经济平衡的基本原则和任务》一文，在日本山口大学编的《东亚经济研究》1962年第36卷第一期被援引过。国民经济调整初期参与起草的《我们对辽宁省农轻重关系问题的一些看法》（1961年）和《十年计划工作经验总结》（1962年国家计委组织撰写，我参与其中有关积累消费、综合平衡等问题的起草），这些内部研究报告中对我国第二个五年计划时期计划平衡工作中的失误所作的分析，至今仍有参考意义。我在《经济研究》今年三月发表的《关于国民经济综合平衡的一些问题》一文，是"文化大革命"以后经济学界第一篇比较全面地论述我国国民经济综合平衡问题的论作，文中还首次提出了综合平衡与经济体制的相互关系问题，《人民日报》作了转载。

（4）经济体制改革的理论问题。近一两年来，我开始对经济体制改革的理论问题进行研究，在考察国内外正反两方面经验的基础上，写了一批论作。1978年上半年发表的两篇文章

（一是我在《光明日报》上发表的《略论用经济办法管理经济》；一是由我主笔、何建章等同志协作，在《红旗》杂志上发表的《计划经济与价值规律》），是"文化大革命"以后经济学文献中最早提出用经济办法管理经济的意见，并且指出它的实质在于利用与价值范畴有关的经济杠杆来调节各方面的经济利益关系，指出经济办法要与行政办法正确结合的必要性。这些论点引起有关方面同志的热烈讨论，新华社《内参》编辑部同志曾为此专访了我和孙冶方同志，把我们的不同论点发表在"内参清样"上。

今年，由我主笔，赵人伟同志协作，写了《论社会主义经济中计划和市场的关系》一文，此文于社会科学院《未定稿》第20号刊出后，中央领导同志于4月30日批示说，"这是一篇研究新问题的理论文章，也是一篇标兵文章"，并推荐给中共中央党校编的《理论动态》上发表（已见该刊5月25日第135号）。这篇文章的不同节改本，还分别在《经济研究》（第5期）、《人民日报》（6月1日）、上海《解放日报》（5月19日）等处发表或转载。国家计委经济研究所《计划经济研究》第16期也予以全文转载。在这篇文章的基础上，我还为今年5月在奥地利召开的"大西洋经济学会年会"提供了一篇题为"从中国经验看社会主义经济中计划和市场的关系"的论文，该学会执行主席 Helmut Schuster 和 John M. Virgo 今年5月17日和6月1日分别给胡乔木、宋一平同志来电函称，这篇论文受到年会的"热烈欢迎"，认为"具有学术上的重要性"，是一个"重要的思想上的贡献",并已作出决定,将这篇文章的全文同诺贝尔奖获得者英国詹姆士·E. 米德的论文的全文一同发表于《大西洋经济评论》1979年12月号(提交该年会的其他论文只发表提要),还指名邀请我参加今年下半年和明年上半年在华盛顿等处召开的国际学术会议。

为了在经济体制改革中借鉴外国经验,我还写了一系列介绍南斯拉夫、罗马尼亚等国经济管理体制的文章。其中一篇《南、罗、匈、苏四国经济管理改革的比较研究》(发表于《世界经济》杂志1979年增刊第1号),是薛暮桥同志倡议研究,由我主写,初稿曾由薛暮桥同志审定,报国家计委党组,计委领导于去年10月全国计划会议期间批发给与会代表参阅。

此外,去年和今年,北京和外地一些单位和学术会议,曾邀我就这方面的问题作了学术报告或专题发言。这些单位有:中央高级党校、中国人民大学、国家经委企业管理研究班、国家计委政策研究室、国家计委经济研究所、北京市财贸系统、中国社会科学院世界经济与政治研究所、中国人民解放军政治大学政经学教研室、昆明全国师范院校政治经济学教材讨论会、四川大学和四川省经济学会、无锡全国价值规律问题讨论会、浙江省经济学会等)。

(三)

最后,简要汇报一下我目前正在进行的和今后一段时间将要着手进行的研究工作。大致有以下三个方面:一是继续研究经济体制改革的理论问题,包括国民经济问题研究室编写的《国民经济管理改革的理论问题文集》的编审定稿和对社会主义经济中计划与市场关系问题的进一步深入系统的研究；二是继续研究国民经济综合平衡问题，将在下半年召开的国民经济综合平衡学术讨论会组织撰写专题论文的基础上，进一步展开系统深入的研究；三是参加许涤新同志主编的《政治经济学辞典》的编审工作，除协助许老照顾全面外，还要专门负责审定部门经济部分。此项工作，将于1979年下半年或1980年初全部完成。

八十心迹（2003年）[①]

今天各位朋友在这里聚会，恳谈经济学问题，庆贺我八十岁生日，我很感谢诸位的光临。

我这八十年，是平凡的八十年，算不得有什么大出息。做了一点有益的事情，也是由于中国共产党的培养，我衷心感谢党对我的培育。

八十年来，除了孩提时代以外，有六十多年我都是与经济学打交道。我是怎样走上这条道路的呢？年轻的时候，看到祖国积弱贫穷，感到富强之路要从经济做起。高中时候，开始接触《资本论》，马克思主义经济学对我有强烈的吸引力。再加上以为经济学可能是较好的谋生手段，于是考大学时选择了经济学，以后就一直走了下来。

---

① 该文是2003年11月23日在庆祝刘国光教授八十华诞暨中国经济学前景恳谈会上的讲话。

新中国成立前，自学马克思主义经济学。在西南联大时，又受到正规的西方经济学教育。新中国成立后，进一步研习马克思主义经济学。改革开放以来，又受到西方经济学的冲击、影响。这两种经济学在我身上交错并存。我是怎样处理它们的关系的呢？借用"中学为体、西学为用"这句话，我是以马克思主义经济学为"体"，西方经济学为"用"。现在，研究经济学要有立场、观点、方法的说法，不大时兴了。但我总以为，马克思主义经济学的立场，劳动人民的立场，大多数人民利益的立场，关注社会弱势群体的立场，是正直的经济学人应有的良心，是共产党人的良心，是不能丢弃的。说到观点和方法，我以为，马克思主义的最基本观点和基本方法是要坚持的，但具体的观点、方法，马克思主义经济学和西方经济学都可以选择，可以借鉴，为我所用，为创建我国社会主义的政治经济学所用。

我们这一代经济学人，经历了计划与市场争论烈火与实践反复的锤炼，现在尘埃已经落定，市场占了上风，计划不再时兴了，我不完全这样看。计划经济在苏联时期，在中国，还是起过它的历史作用的。但历史也证明，计划经济毕竟不能解决效率和激励问题。市场经济作为资源配置的主要方式，是历史必由之路。但市场经济的缺陷很多，完全让"看不见的手"来调节，不能保证社会的公正协调发展。在坚持市场取向改革的同时，必须有政府有效的调控干预加以纠正，有必要的计划协调予以引导。在像我国这样的发展中大国，尤其要加强政府经济社会职能的作用。这是我和许多经济学界朋友们共同的信念。

以"文革"为界,我的经济研究工作可分为两个阶段。在"文革"以前,研究领域主要在社会再生产和国民经济综合平衡方面,因为时代背景和研究条件的限制,当时只能用抽象理论的形式,来分析探讨社会再生产和经济增长的运动机理,避开了具体的现实经济问题。正因为如此,这些探讨在许多方面,对市场经济的运行也适用。感谢李建伟博士在《刘国光教授经济增长理论简介》(《经济学动态》第11期)一文中,对我"文革"前这方面的研究作了一个集中的概述。"文革"以后,我的研究领域从经济发展扩大到经济体制,更直接地接触现实经济了。20多年来,写得比较重要的东西,都集中在最近出版的《自选集》中。这个集子的前言中写道:"如果说全书有甚么中心思想的话,那么,中国经济的两重模式的转换——体制模式的转换和发展模式的转换,可以粗略地概括我阐述的方方面面的问题。"感谢桁林博士在《从"双重模式"转换到"两个根本性转变"》一文,对我在"文革"后这方面的思想作了节略性介绍。

我的兴趣主要在宏观经济方面。多年来,对宏观经济形势和政策问题比较关心。在反通货膨胀和反通货紧缩的问题上,前些年同经济学界一些朋友们进行了友好的交锋。"软着陆"的经验与扩大内需政策的采取,表明我国对通胀和通缩的宏观调控手段的运用趋于成熟,短期运行问题可无大虑。问题在于中长期农村与城市、经济与社会、人与自然等能否协调发展,不致引起各种潜在的经济与社会的危机。我想这是当前我们要着重关心和探讨的问题。

以上极其简括地讲了一些我在经济学研究领域经历的事情和考虑的问题，也算是我向诸位做的工作汇报，以回报大家的关心，表明自己的心迹。

我在经济学领域的成长，是与我敬爱的老师陈岱孙、徐毓楠、孙冶方、巫宝三等人的教导和帮助分不开的。在我八十岁生日的时候，我情不自禁地缅怀先师们对我的雨露恩情！

2002年1月，刘国光在三亚

九十感恩（2013年）[1]

今天各位朋友在这里聚会，研讨完善社会主义市场经济体制问题，庆贺我九十岁生日。我很感谢诸位的光临。

我本不想以牵动众人的开会形式来过自己的平凡的生日，更不敢惊动一些高龄的老同志。但是学会同志积极筹办，意在借此宣传马克思主义经济理论，我也不便拂他们的

---

[1] 2013年11月26日，由中国经济规律研究会、中华外国经济学说研究会和中国社会科学院经济社会发展研究中心联合主办的"庆贺刘国光九十华诞暨完善社会主义市场经济体制研讨会"在中国社会科学院召开。来自中国社会科学院、中组部、国家发改委、教育部、中央文献研究室、中国人民大学、北京大学、清华大学等30余家单位的约100位专家学者参加会议，对刘国光的学术思想、理论贡献、高尚师德等进行了深入研讨。该文为刘国光在会上的答谢词，收录时略有增改。

好意。

下面我作一个简短的发言，请大家指教。

我进入耄耋之年，人过九十，现在已不算稀奇，但总还是一道惊心的坎。我这一生没有什么大出息。自知不怎么聪明，自视还算守本分，勤奋以治学，平实以做人。做了一点有益于社会的事情，也是在现代的"天、地、君、亲、师"培育、熏陶、教诲和朋友们的帮助下取得的成果。我这里说的"天""地""君"，是指马克思主义宇宙观和世界观、科学社会主义、真正的共产党；至于"亲"、"师"和"友"，就不用解释了。我对他们给我的恩惠，怀着深深的感念之情。

九十年来，近七十年都在与经济学打交道。"文革"以前，我的研究领域主要是在社会主义再生产理论和国民经济综合平衡方面。"文革"以后，主要研究经济体制模式转换和经济发展模式转换方面的问题。这两个方面的研究，都得到当时学界的关注。进入 21 世纪，八十岁以后，我已告老，出于职业习惯，老而不休。2003 年的《八十心迹》，特别是 2005 年的《对经济学教学和研究中一些问题的看法》等几篇偶然写出的文章，把我带进一个新的是非争论的境地。这场争论反映了意识形态战线一个角落的硝烟，我就不深讲了。

近 10 年来，我脑力渐衰，勉强陆续写了一些东西，大多集中在讨论"市场经济"和"社会主义"的关系问题上，现已由中国社会科学出版社选编专辑出版。我总的理念其实也很平常：在社会主义初级阶段，我们需要继续深化市场经济的改革，但这个市场经济改革的方向必须是社会主义的，而不能是资本主义的。这个问题关系我国改革的前途命运，也是现今经济领域里意识形态斗争的焦点。环绕这个问题针锋相对的纷争，当然有理论是非问题，但是在更大程度上，这是当今中国社会不同利益阶层势力的对决。反对"市场经济"与"社会主义"相结合，主张私有化、自由化和两极分化的声音，虽然有雄厚的财富和权力的实力背景，但毕竟只代表少数人的利益；而主张"市场经济"必须与"社会主义"相结合，以公有制为主体、以国家宏观计划调控为导向、以共同富裕为目标的声音，则代表了工农大众和知识分子群体的希望。我国经济改革的前景，不取决于争论双方一时的胜负，最终将取决于广大人民群众的意志。我虽然来日不多，但对此仍满怀信心和激情。

再次感谢大家对我的祝愿！

2013年，李慎明、张全景、刘国光、李扬（从左至右）在"庆贺刘国光九十华诞暨完善社会主义市场经济体制研讨会"上

中国经济学杰出贡献奖答辞(2005年)[①]

今天,中国经济学奖委员会隆重授予包括我在内的四位经济学者以杰出贡献奖。我对此深为感动,深表感谢。

颁发中国经济学奖是经济学界的一件大事。我想利用这个机会,就我们这一代经济学人经过的一些事情,谈一点自己的感受。

我们这一代经济学人,经历了计划与市场烈火与实践反复的锤炼。有人认为,现在尘埃已经落定,市场占了上风,计划不再时兴了。我不完全这样看。计划经济在苏联、在中国,还是起过光辉历史作用的。但是历史也证明,计划经济不能解决效率和激励问题。市场经济作为资源配置的主要方式,是历史的必由之路。但市场经济的缺陷很多,也不能迷信。完全让"看不见的手"来调节,不能保证社会公正协调地发展。在坚持市场取向改革的同时,必须有政府有效的调控干预加以纠正,有必要的计划协调予以指导,就是说要有"看得见的手"的补充。在我国这样的发展中大国,尤其要加强政府社会经济职能的作用。这是我和许多经济学界朋友们的共同信念。

[①] 由中国宏观经济学会和中国经济体制改革研究会共同发起设立的中国经济学奖旨在奖励在经济理论、政策及研究方法等领域作出杰出贡献的中国学者。2005年3月24日,首届中国经济学奖杰出贡献奖颁奖典礼在北京举行。薛暮桥、马洪、刘国光、吴敬琏获奖。该文为刘国光在典礼上的获奖答辞。

在坚持市场取向的改革目标时，我们这一代经济学人也始终坚持社会主义的方向。"社会主义市场经济"是一个完整的概念，是不容割裂的有机统一体。好像这些年来，我们强调市场经济，是不是相对多了一点；强调社会主义，是不是相对少了一点。在说到社会主义市场经济时，则强调它发展生产力的本质即效率优先方向，相对多了一些；而强调它的共同富裕的本质即重视社会公平方面，相对少了一点。这是不是造成目前许多社会问题的深层背景之一。在中国这样一个法治不完善的环境下建立的市场经济，如果不强调社会主义，如果忽视共同富裕的方向，那建立起来的市场经济，必然是人们所称的权贵市场经济，两极分化的市场经济。邓小平早就告诫我们，改革造成两极分化，改革就失败了。当然我们一定能够避免这个结局。我以为要做到这点，只有在大力发展生产力的同时，更加重视社会公平，努力构建社会主义的和谐社会。

随着改革开放的深入，经济学理论视野也大大拓展了。对中国改革与发展有益的各经济学流派，都有一席之地。在这样的情况下，我们这一代经济学人又碰到一个问题，研究经济学要有立场、观点、方法的说法，好像又不大时兴了。但我总以为马克思主义经济学的立场，劳动人民的立场，大多数人民利益的立场，关注弱势群体的立场，是正直的经济学人应有的良心，是不能丢弃的。马克思主义的最基本观点和方法也是要坚持的，但具体的观点、方法，马克思主义经济学和西方经济学都可以选择，为我所用，为创建我国社会主义政治经济学所用。西方"主流"经济学对市场经济运行机理的分析,有许多可以借鉴的东西;但是部分传播西方"主流"经济学的人士,力求使它在中国也居于"主流"地位,取代马克思主义经济学,这种情况需要关注。当然马克思主义经济学也不能仅靠官方权威来支持其主导地位,而要与时俱进、兼容并蓄、不断创新。

我愿就这些问题,与经济学界同仁交流认识,共同探讨。再次向诸位表达我的衷心感谢。祝愿中国经济学不断成长,繁荣昌盛,为推动我国社会主义现代化事业贡献力量。

首届世界政治经济学奖答辞(2011年)[①]

今天,世界政治经济学奖委员会隆重授予我首届"世界马克思经济学奖"。由于身体原因,我不能亲自出席大会,但在大会组委会的精心安排下,使我有机会以这种录像的方式同大家交流。在此我对组委会所付出的辛勤劳动深表感谢。

下面,作为一个中国经济学人,我想谈谈自己在学术研究中的一些感受和对若干经济问题的认识。

(一)研究经济学要不要有正确的立场

中华人民共和国成立前,我还在青年时期,在中国昆明西南联大接受了正规的西方经济学教育,同时自己研修马克思主

---

① 世界政治经济学奖由世界政治经济学学会评选,2011年5月28日在美国麻省理工学院召开第六届国际学术论坛时颁发首届世界政治经济学奖。

义经济学。新中国成立后，进一步研习马克思主义经济学。中国实行市场取向的改革以来，我又重新受到西方经济学的冲击和影响。这两种经济学在我身上交错并存。我是怎样处理两者的关系呢？借用中国新文化运动以来讲的"中学为体，西学为用"这句话，我是以马克思主义为"体"，西方经济学为"用"。现在，在中国由于多元化思潮的侵蚀与泛滥，研究经济学要有正确的立场、观点和方法的说法，不太时兴了。但我总认为，马克思主义的立场，劳动人民的立场，大多数人民利益的立场，关注社会弱势群体的立场，是正直的经济学人应有的良心，是不能丢弃的。马克思主义经济学最基本的观点和方法是要坚持的。但研究具体经济问题的观点、方法，马克思主义经济学和西方经济学都可以选择，为我所用，为创建中国社会主义的政治经济学所用。西方主流经济学对市场经济运行机理的分析，有许多可以借鉴的东西，但是部分传播西方主流经济学的人，力求使它在中国也居于"主流"地位，取代马克思主义经济学，这种情况需要关注。当然，马克思主义经济学也不能仅靠官方权威来支持其主导地位，而要与时俱进、兼容并蓄、不断创新。

人们通常讲，马克思主义政治经济学具有鲜明的阶级性，它代表无产阶级的利益，这是不错的；人们通常又讲，坚持马克思主义立场，就是要始终代表最广大人民的根本利益，一般地讲，这也不错。中国社会主义初级阶段的广大人民，除了广大劳动人民群众，还包括部分剥削阶级。应当说，马克思主义和共产党不能代表剥削阶级的利益，只能在一定历史条件下，如民主革命时期、社会主义初级阶段，关怀和照顾一部分剥削阶级（民族资产阶级、合法私营企业主阶层）的正当利益，以团结他们为革命和建设而努力。不能无条件地毫不动摇地毫无限制地支持剥削阶级。绝对不能为迁就或成全他们的利益而损害劳动人民的利益。贫富差距的扩大，两极分化趋势的形成，就是这种损害的表现。这是同马克思主义的立场和共产党的宗旨格格不入的。中国的政治经济学，一定要贯彻这个立场，处处不能忘了这个立场。

（二）正确认识社会主义初级阶段计划与市场的关系

20世纪50年代，我国初步建成社会主义经济制度，那时我的研究工作主要是以马克思社会再生产理论，研究计划经济中的综合平衡问题。在研究过程中，我逐渐感到中国计划经济的实践，与综合平衡原理有很大距离，其根源并不在于社会制度本身，而在于经济管理体制中的行政管理过于集中。1978年中共十一届三中全会开启经济体制改革，我是较早倡导市场取向改革的，并参与了中共十四大制定社会主义市场经济改革目标决策的起草工作。到21世纪初，中国社会主义市场经济体制基本建立后，市场经济体制运行中出现这样那样的问题，我又开始关注市场经济的缺陷。我们这一代经济学人，经历了计划与市场烈火与实践反复的锤炼。有人认为，现在尘埃已经落定，市场占了上风，计划不再时兴了。我不完全这样看。历史证明，计划经济在苏联和中国都曾经起过一定的积极作用。但历史也证明，传统的计划经济不能完全解决效率和激励问题。市场经济作为资源配置的主要方式，在历史发展的一定阶段，是必由之路。但市场经济的缺陷很多，也不能迷信。我始终坚持计划与市场的结合论，认为尽管不同时期侧重点有所不同，但目标都是要让"看得见的手"和"看不见的手"相得益彰，各自发挥应有的作用。因此，我主张在坚持市场改革方向的同时，政府必须实施合理而有效的宏观调控和计划调节。

中国要建立的是社会主义的市场经济，而不是资本主义的市场经济。"社会主义市场经济"是一个完整的概念，这一模式把坚持社会主义方向和坚持市场取向改革有机结合起来。其最根本的特征有二：一是在所有制结构上，以公有制为主体，多种所有制共同发展为制度基础，这与资本主义市场经济是以资本主义私有制经济为制度基础根本不同；二是在运行机制上，它在资源配置中让市场起基础性作用的同时，还在宏观调控中运用计划手段，即社会主义市场经济是"有计划的"。这与资本主义市场经济排除国家计划指导的"无计划性"也根本不同。

坚持公有制经济为主体既然是社会主义市场经济的制度基础，那么坚持公有制经济为主体的经济结构，自然成为维系社会主义市场经济的前提条件。这个条件如果丧失，变为私有制经济为主体或完全私有化，那么社会主义市场经济就会变质为资本主义市场经济。

我国现在确有一种私有化势力，蓄谋以弱化公有制经济，强化非公经济的手段，达到以私有制为主体代替公有制为主体的私有化目的；他们反对在市场经济的前面加上"社会主义"的定语，说什么"市场经济就是市场经济，没有什么社会主义与资本主义的区别"，其用心是很明显的。马克思主义者和中国共产党不会让这一图谋得逞。

我国社会主义市场经济的另一个特征即其有计划性，也是由公有制为主体决定的。马克思主义经济学认为，在共同的社会生产即以生产资料公有制为基础的社会生产中，国民经济有必要和可能实行有计划按比例的发展。"有计划按比例"并不等于传统的行政指令性的计划经济。中国改革后，我们克服了传统计划经济体制的弊病，建立了社会主义市场经济，但是不能无视公有制的有计划按比例的经济规律。资本主义国家的市场经济可以有宏观调控，但无计划来指导经济发展。我国是公有制为主体的社会主义大国，有必要也有可能在宏观经济管理中运用计划工具，指导国民经济有计划按比例地发展。这也是社会主义市场经济区别于资本主义市场经济的优越性所在。

在这一个领域，中国也存在着新自由主义或市场原教旨主义的严重干扰。他们只要市场，而把计划打入禁区，甚至拒绝政府对经济的必要干预。中国的马克思主义学者们同他们之间的斗争，从来没有停息。

（三）中国模式应对世界经济危机

2008年由美国次贷危机引发的这次世界经济危机，是20世纪30年代世界经济危机以后最严重的一次。按照马克思主义经济学的见解，它本质上是由资本主义基本矛盾引发的。这次世界经济危机一个不同于前次的景观，是社会主义的中国被卷进去了。中国是社会主义国家，怎么会被资本主义世界经济危机卷进去？对这个问题，我有如下的解释：我国多年来实行出口导向型的经济发展战略，对外依存度空前提高，致使我国经济的相当大部分与发达资本主义国家紧密地联系在一起。发达国家发生了周期性危机，中国就不能不受到冲击。但这只是外部因素。多年来积聚起的内部因素才是根本原因。内部因素，主要是在经济体制方面，生产资料私人占有比重的迅速上升和公有制的相对下降、市场化改革的突进和国家计划调控的相对削弱等，使得资本主义市场经济规律在中国经济中起作用的范围越来越大。这样，在资本主义发达国家主导的经济全球化过程中，中国就很自然地不可避免地被资本主义世界的周期经济危机卷进去。

但是，中国在这次世界经济危机中所受的冲击相对较小，复苏的速度相对较快。这与中国实行的有中国特色的社会主义模式有关。中国特色的社会主义经济模式中，既有社会主义经济因素，也容许资本主义因素存在。简单说来，中国容许市场化、私有化的发展，但我们还有一些保留。比如，坚持公有经济为主体，在关键重要领域保持了相当强大的国有实力。又比如，在建立市场经济体制的同时，加强宏观调控，特别是保持了国家计划调控的余地，如继续编制执行年度计划，五年十年中长期规划，保留国家发改委这样庞大的计划机构等。这次应对危机所采取的种种重大措施,就展示了这种出手快、出拳重、集中力量办大事的计划调控的能力,这是资本主义国家所难以做到的。这些都使得中国经济在世界经济危机中受到冲击的影响较小,处置的表现也较好。总之,中国的经济并没有照抄欧美自由市场经济模式,没有遵循新自由主义的"华盛顿共识",如同某些"主流"经济学者所竭力主张的那样。坚持中国特色的社会主义模式,是我们在这次危机中表现相对出色的主要原因。

结论是什么呢?

在中国现时的社会经济中,两种社会制度的经济规律,即社会主义的经济规律和资本主义的经济规律,都在起作用,交织着复杂的矛盾和斗争。为了坚持改革开放的社会主义方向,我们一方面要在社会主义初级阶段,允许用市场经济和私有制经济发展来协助推动我国社会生产力发展的作用发挥到极致;另一方面,更要防范陷入资本主义社会经济规律作用消极后果的泥淖。我们必须坚持中国特色的社会主义道路,反对把中国特色社会主义歪曲为"中国特色的资本主义"。我们必须坚持公有制为主体和多种所有制经济共同发展;坚持在国家宏观计划导向下,实行市场取向的改革;用社会主义的基本原则来反对资本主义的私有化、市场化、自由化以及两极分化,把资本主义社会经济规律的作用限制在一定范围内。只有这样,我们才能在资本主义周期性经济危机的浊流中,高举社会主义的红旗不断前进。

我的经济学探索之路（2012年）①

（一）

走上经济学求索之路，是我自己的选择，但仔细想想，却应该说是时代引导了我的人生之路。

1941年高中毕业投考大学时，父亲希望我学理工科，成为一个工程师。但我却选择了经济学，考取了西南联大经济系。我生长在我们国家危难的时期，1923年11月23日出生于江苏省南京市，考进江宁中学时正是"一二·九"运动爆发的1935年，抗日救国浪潮已在全国兴起，1936年日本帝国主义以成都事件为借口，派军舰横闯长江，炮轰长江沿岸各大城市，我和同学们义愤填膺，上街游行示威。流亡重庆后，进入国立第二中学。高中时，读了一些进步书籍，也通读了郭大力、王亚南翻译的《资本论》第1卷，逐渐形成了对马克思主义经济学理论的兴趣和信仰。在西南联大学习了5年，毕业论文是《地租理论纵览》。1946年从云南昆明国立西南联合大学经济系毕业后，考取了清华大学经济系的研究生，但因家庭经济状况难以维持学业，由导师荐举到天津南开大学经济系任助教。1948年9月转到南京"中央研究院"社会研究所任助理研究员。

新中国成立后，1950年春，我被选拔到华北人民革命大学政治研究院学习。1951年夏天又被选拔到苏联留学，分配到莫斯科国立经济学院。由于考虑到祖国进入社会主义建设时期，

---

① 原载《毛泽东邓小平理论研究》2012年第1期。

国民经济平衡问题是亟需妥善解决的一个基本问题，学位论文选的是《论物资平衡在国民经济平衡中的作用》。1955年毕业回国后，我进入中国科学院（后为中国社会科学院）经济研究所从事研究工作。我接受的第一项工作是协助苏联专家进行为加强我国企业财务的计划管理而建立流动资金定额管理制度的调查研究。工矿企业资金定额管理制度的普遍建立，是推动我国企业实现经济核算制的重要一步。

1957年，我国著名经济学家、老一代革命家孙冶方到经济研究所任所长，他特别强调和重视理论密切联系实际，致力于为我国经济建设和发展开拓一条理论联系实际的经济学研究之路。然而，这种理论联系实际的思路和做法，难免会与当时"左"的倾向相抵触，孙冶方带领经济所研究人员的理论追求，曾被作为"修正主义思潮"遭到批判。我到经济所开始的从计算与统计国民经济的各项指标来研究社会主义经济运转的各种工作，使我走上了从实际出发来研究社会主义经济的管理体制和机制的学术出发点和道路。

1958年，经济所建立综合平衡组（即后来的宏观经济研究室），杨坚白任组长，我和董辅礽担任副组长。经过1958～1960年的三年"大跃进"，在盲目追求高速度的思想指导下，国民经济受到了严重的损害与挫折。怎样从理论上总结和认识经济发展中出现的这些问题，作为一个经济学研究者，有责任从经济学原理上来回答这些问题。1961～1964年，我曾致力于社会主义再生产问题、发展速度与比例问题、积累与消费问题和固定资产再生产等问题的研究，在长期研究马克思的再生产理论过程中，形成了一套比较完整的看法，发表了一系列文章。"文化大革命"结束后，我又思考和提出了综合平衡与经济体制的关系问题，认为传统体制不利于综合平衡，不进行经济体制改革，就不能实现经济的稳定增长。1980年，我撰写了《马克思关于社会再生产的原理及其在生活中经济中的应用》《对我国国民经济发展速度和比例关系问题的探讨》《关于速度问题和积累问题的一点看法》等文章。"文化大革命"之前，孙冶方对社会主义计划经济体制中存在的问题的思考就受到了批判，我也被划入孙冶方、张闻天反党集团的"一伙人"，受到冲击和审查。这种压抑的状态一直延续到"文化大革命"结束。作为一个经济学者，不能不在苦闷中思考祖国的未来。

我国历史性的改革开放，使我的经济学研究进入了一个新的阶段，改革中提出的一系列新问题，要求我们抓紧研究和思考，这一时期是我的思想进展较快的时期，应该说，是时代推动我在经济学探索的道路上不断前行。

（二）

改革开放初期，我有幸参加了一些出访考察。1982年，我与国家计委柳随年、郑力受国务院派遣，到苏联做中苏论战以来的首次学术访问，考察其经济管理制度及其改革情况，以期寻找到一些可以借鉴的经验教训来推进我国的改革开放步伐，避免走弯路。考察回国后，我们向中央领导同志作了汇报。苏联当时的经济管理体制，虽然经过了时间不短的几次有快有慢、有进有退的改革，但进展并不大。我认为，从苏联经济体制的整体情况来看，特别是在微观经济的管理方面，弊病还是很多的，不能解决传统经济体制中的那些老大难问题。苏联的体制如果不进行根本的改革，继续前进就会遇到困难。所以，从整体上看，苏联经济体制不能成为我们经济体制改革的方向和模式。我们应该总结自己的经验，摸索自己的道路。我们的改革有些已经突破了苏联传统体制的做法，我们应该坚持自己的改革方向，不能像苏联那样步履蹒跚，走走停停。

中国经济体制改革，乃至整个社会主义国家的经济体制改革，在理论上要认识、在实践中要处理的基本问题，是社会主义与商品经济的关系问题，这就要求我们对现实社会主义经济的商品经济属性及其根源进行深入、科学地分析，在整个基础上，认识传统上高度集中的计划经济体制出现僵化等弊端的根源在什么地方。改革初期，我也比较集中地思考经济体制改革的理论和实践问题的基点，当时是围绕社会主义经济中计划与市场的关系来展开对这个问题的研究的。1979 年，我在与赵人伟合作的《社会主义经济中计划与市场的关系》一文中，论证了我们对社会主义经济中计划与市场关系的看法，认为两者既不相互排斥，也不是由外在的原因所产生的一种形式上的凑合，而是由社会主义经济的本质所决定的一种内在的有机的结合。由于这篇文章的突破性，当时中央主要领导人给予很高评价，认为是研究新问题和探索改革之路的标杆文章。1982 年 9 月，我在《人民日报》发表的《坚持正确的改革方向》一文曾较早提出削减、取消指令性计划,强化市场取向的指导性计划的观点曾受到批判,但实践证明我是正确的。

经济体制改革在基本方向上是要发展商品经济和市场经济,但到底要改革成一个什么目标模式呢?这是在理论上必须解决的一个重要问题。在改革开放初期就开始了对这个问题的探索。对于经济体制改革的模式分类和目标选择,开始时我试图在归纳分类的基础上进行适应我国实际和需要的选择。我曾把社会主义经济体制归纳为六类。后来,从坚持社会主义方向、坚持市场取向和坚持从国情出发这三个原则出发,由开始时主张"计划与市场有机结合的模式"顺理成章地发展到更为明确地主张"社会主义市场经济为目标模式"。我认为,社会主义市场经济体制是人类的一种新的创造,其特点是:(1)市场经济与公有制结合在一起,并以公有制为主体,公有制可以采取多种实现形式;(2)在收入分配上以按劳分配为主体,兼顾公平和效率,实行多种分配方式;(3)在运行机制上,实行国家宏观管理下的市场配置资源的方式,宏观管理以计划为导向,力度要比其他国家强一些。社会主义经济体制的模式,是对具体的经济体制排除了细节的一种理论抽象,它是对一种经济体制的基本规定性的概括,它的基本框架是三个主要运行原则的总和。这种意义的模式反映了一种经济体制里面最重要、最根本的东西。提出这一概念的意义还在于,我们进行的经济体制改革,不是对原有体制的不完善、不合理的细节的修改补充,而是要改造原有的经济模式本身。如果对原有体制的不合理的基本框架和主要运行原则不加触动，只是对里面的具体细节进行修改补充，那就不能叫作改革。当然，这种改革是在坚持社会主义基本经济制度的前提下进行的。

1992年，我在党的十四大前夕发表的《关于社会主义市场经济理论的几个问题》一文中提出，市场经济是商品经济的一种高度发展了的现象形态，在资源配置上，必须明确用以市场配置为主的方式来取代以行政计划配置为主的方式，这是我国当时经济改革的实质所在。在配置资源的过程中，凡是市场能解决好的，就让市场去解决；市场管不了，或者管不好的就由政府用政策和计划来管。现代市场经济不仅不排斥政府干预和计划指导，而且必须借助和依靠政策和调节手段来弥补市场自身的缺陷。

对于中国经济体制改革的路子到底应该怎样走这个问题，也就是改革的路径和方式选择问题，我和一些有共同认识的同志认为，应推行渐进的积极的改革，要遵循渐进原则和配套原则。其依据主要有四个：一是模式转换的实质是从以半自然经济或不发达的商品经济走向基本规范的商品经济，不可能在短期内迅速形成较完善的市场体系和较健全的市场机制；二是改革是一场广泛涉及经济、政治、社会、文化的大变动，必然引起不同集团和阶层的利益再分配和权力再分配，并有赖于观念更新，这都不能急于求成；三是中国是一个大国，地区差异明显，一步走难免"一刀切"，必然脱离部分地区的实际；四是改革缺乏现成样板，在理论、经验和规划上都需要探索和积累,否则容易陷入主观主义。同时,在渐进求实的行进中,应当也可能作出总体设计,使各项改革整体配套,同步前进。这种思路曾被称为我国经济体制改革中的几个主要派别中的稳健改革派。

为了实现改革的稳健发展,不仅要注意改革与发展的相互依存,而且要注重能为改革提供支持的良好经济环境。从这一角度,我提出了一个社会主义的"有限买方市场"概念。因为要想推进经济体制改革的步伐,非常重要的一条,就是要给它创设必不可少的外部环境,这就是买方市场,使社会生产大于社会的直接需要,使商品供给大于有支付能力的需求,从而建立一个消费者或买方的市场,这是正常开展市场调节的一个前提条件。买方市场问题不单是一个商业问题,而且是国民经济综合平衡的一个战略问题,一个宏观决策的问题,一个走出一条新的发展路子的问题。

1984年以后,我国经济发展出现了过热现象和政策性通胀势头,我和一些经济学家感到这将妨碍经济建设和改革的健康发展,于是提出了为改革创造相对宽松环境的理论和政策主张,认为经济体制改革的顺利进行,需要一个比较宽松的经济环境,即总供给略大于总需求的有限的买方市场的条件。与单纯以价格改革为中心或以所有制改革为关键的改革思路不同,我主张按企业—所有制改革与市场—价格改革的双向协同配套原则,稳步地、渐进地推进改革,即双向协同、稳中求进的改革思路。

在1987年我国理论界和宏观决策界就1988~1995年中

期改革思路的讨论中，我主持的中国社会科学院课题组提出了以整顿经济秩序、治理通胀、有选择地深化改革的稳中求进的改革思路。接着，我在1988年初在党的十三届二中全会上发言，后来发表了《正视通货膨胀问题》一文，我强调稳定物价方针的口号不能放弃，分析通胀机理，力陈治理对策，引起广泛反响。这一思路和观点的正确性已被1988年后的经济过热现象和宏观调控成效，从正、反两方面予以证实。

党的第十二次代表大会召开前后，中央提出了"四化"建设的宏伟纲领，制定到2000年时我国经济发展的战略目标、战略重点和战略步骤，在经济发展问题的研究中凸显"经济发展战略"的研究。我受中国社会科学院领导的委托，负责组织进行"中国经济发展战略问题"的研究，归纳出判定经济发展质量的一些基本原则：一是经济发展的质量目标，不是要求片面地追求高速度，而是要求实现持续、稳定、协调发展；二是这个战略目标，不仅是为了经济增长，更要注意在发展生产的基础上逐步满足人民日益增长的物质文化需要；三是这个战略要求在经济发展过程中，要正确处理速度与效益、速度与结构的关系；四是在扩大再生产的方式上，要从外延为主逐步转向内涵为主，走上依靠科技进步的轨道；五是在重视物质技术基础建设的同时，要越来越重视人力特别是智力的开发；六是在坚持自力更生为主的前提下，要进一步扩大对外开放；七是在经济管理体制上，从过去过分集中的、排斥市场机制的吃大锅饭的体制，转变为以国营经济为主的多种经济形式并存、集权与分权相结合、计划与市场相结合、贯彻按劳分配和物质利益原则的新体制。我领导的研究班子一直关注着中国经济发展的形势，不断针对发展中需要解决的问题提出政策建议，对国家宏观经济决策的制定和调整起到了一定的积极影响。

改革是为了发展，为了更好地发展。在改革时期，体制改革与经济发展是并行不悖的。为了在更高层面把握我国的体制改革与经济发展两大任务，为了使国民经济走上持续稳定协调发展的道路，我提出了我国经济必须实现经济体制和发展战略的"双重模式转换"。在1985年撰写的《试论我国经济的双重模式转换》等文章中，我指出，自1978年年底以来，我国经济生活的深刻变化概括起来可以归结为两种模式的转换，即发展模式的转换和体制模式的转换。经济发展模式的转换就是从过去片面追求高速增长为最高目标、外延发展为主要发展方式、不平衡发展为主要发展策略，逐渐转变为以提高人民生活水平为最高目标，以内涵发展为主要发展方式，以相对平衡的发展为主要发展策略。实现发展模式转换的要旨，就是要使速度、比例、效益有一个较优的结合，保证国民经济持续、稳定、协调、高效地增长。从"双重模式转换"中可以引申出两个根本性转变的主张，即经济体制从传统的计划经济体制向社会主义市场经济体制转变和经济增长方式从粗放型向集约型转变。"双重模式转换"理论符合当代中国经济演变的实际，为两个根本性转变决策作了先行的论证。"双重模式转换"的思想，实际上后来被党的十四届五中全会的文件采用，即"两个根本转变"的提法和论断。我深切感到，我国经济大变动中同时进行的两种模式转换，必然是密切相关、相互影响、相互制约的，不可能指望两种模式转换是短时间里可以很快完成的行动，它们是一个非常曲折复杂的、需要一个历史时期才能完成的过程。当前乃至今后一个时期，我国面临的"加快经济发展方式转变"的艰巨任务，也与"双重模式转换"和"两个根本转变"有着逻辑的一致性和历史的延续性。

我国以社会主义市场经济为方向的历史性改革，对于我国经济社会的发展具有重大的现实意义和深远的历史意义。正如邓小平所说，这场改革是一场新的革命，是一场大试验。改革取得了巨大的成就，我国经济社会的面貌发生了历史性的变革。但是，我们也必须看到，苏东剧变后，国际上新自由主义思潮甚嚣尘上，我国也出现了一些严重的问题，由于事关我国改革和发展的方向，作为一位改革开放的坚定推动者和维护人民群众根本利益的马克思主义经济学家，在我国改革和发展的关键时期，我觉得应该对一些错误的倾向提出自己的批评意见，坚决抵御和批判新自由主义，坚持社会主义市场经济改革目标，捍卫中国特色社会主义理论和实践。

2005年7月，我就当时经济学教学和研究中的一些重要问题谈了一些看法，谈话整理成文章后，以《经济学教学研究中的一些问题》为题在《高校理论战线》第9期和《经济研究》第10期发表。文章中指出了当时经济学教学与研究中西方经济学影响上升，而马克思主义经济学的指导地位削弱的问题。这实际上也是希望大家严肃地思考中国的经济改革与发展究竟是以马克思主义经济学为指导还是以西方经济学为指导的问题。不必讳言，对这个重大问题，理论界是有不同意见的，一些人是信奉并主张新自由主义和西方主流经济学的。我主张以"马学为体，西学为用"，应该揭露和抵御新自由主义误导中国经济改革、干扰中国发展方向这个根本问题。我感到，中国的改革一旦由西方理论特别是新自由主义理论来主导，那么表面上或者还是共产党掌握政权，而实际上会逐渐改变"颜色"，那么对大多数人来说，这将是一个噩梦。讲话内容和整理成的文章公开发表后，产生了强烈的反响，支持者有之，当然不少；反对者也有之，有人给了我一顶"反对改革"的大帽子。

社会主义市场经济改革的方向是必须坚持的。这场改革符合我国社会实际、历史发展规律和我国人民的根本利益。但为了达到我们党领导我国人民进行这场历史性改革的目标，必须排除各种错误干扰。这些年，我针对一些错误思潮和倾向，发表了一些看法，主要有以下几个方面。

第一，在体制改革的方向和经济发展道路问题上，要反对市场原教旨主义，反对新自由主义的市场经济观。中国要建立的是社会主义的市场经济，而不是资本主义的市场经济。2005年，我在《中国经济学杰出贡献奖答辞》中说，"社会主义市场经济"是一个完整的概念，是社会主义基本制度与市场经济的有机结合，是不容割裂的有机统一体。但是这些年来，我们强调市场经济，是不是相对多了一点；强调社会主义，是不是相对少了一点。在说到社会主义市场经济时，则强调它发展生产力的本质即效率优先方向，相对多了一些；而强调它的共同富裕的本质即重视社会公平方面，相对少了一点。这是不是造成目前许多社会问题的深层背景之一。在中国，目前的法治不完善的环境下建立的市场经济，如果不强调社会主义，如果忽视共同富裕的方向，那建立起来的市场经济，必然是人们所称的权贵市场经济，两极分化的市场经济。

第二，在公平与效率的问题上，反对把公平置于"兼顾"的次要地位。2005年，我发表了《进一步重视社会公平问题》一文，后来又写了《把效率优先放到该讲的地方去讲》一篇短文，提出"效率优先，兼顾公平"要淡出，把公平置于"兼顾"的次要地位不妥，初次分配也要注重公平。党的十六届五中全会文件起草工作我因年事已高没再参加，把文章的原稿呈送给了中央，中央主要负责同志很重视，批给了起草组。但是，十六届五中全会报告征求意见稿当中又出现了"效率优先，兼顾公平"和"初次分配注重效率，再次分配注重公平"的字样，遭到各方面同志的非议。我在中国社会科学院也提出了不同意见。党的十六届五中全会文件最终定稿时，勾掉了这两个提法，同时突出了"更加重视社会公平"的鲜明主张。

第三，我在《红旗文稿》2007年第24期发表了《关于分配与所有制关系若干问题的思考》一文，认为在有关改革收入分配的众多复杂的关系中,最重要的是分配制与所有制的关系。在调整收入分配关系、缩小贫富差距时,人们往往从分配领域本身着手,特别是从财政税收、转移支付等再分配领域着手,完善社会保障公共福利,改善低收入者的民生状况。这些措施是完全必要的,我们现在也开始这样做了,但是做得还很不够,还要加大力度。而且,仅仅从分配和再分配领域着手,还是远远不够的,不能从根本上扭转贫富收入差距扩大的问题。还需要从所有制结构,从财产制度上直面这一问题,需要从基本生产关系,从基本经济制度来接触这个问题。收入分配不公源于初次分配。初次分配中影响最大的核心问题是劳动与资本的关系。财产占有上的差别往往是收入差别最重大的影响要素。按照马克思主义的观点,所有制决定分配制。但是,人们常常忽略这个观点。在分析我国贫富差距拉大的原因时,人们举了很多缘由,诸如城乡差距扩大、地区不平衡加剧、行业垄断、腐败、公共产品供应不均、再分配调节落后等,不一而足。这些缘由都能成立,也必须应对。但这些不是最主要的。造成收入分配不公的最根本原因被忽略了。所以改革收入分配制度,扭转贫富差距扩大趋势,要放在坚持国家根本大法的角度下考虑,采取必要的政策措施,保证公有制为主体、按劳分配为主这"两个为主"的宪法原则的真正落实。

第四,社会主义市场经济是有计划的,反对否定其计划性的倾向。社会主义市场经济体制,是在国家宏观调控下,让市场在资源配置中起基础性作用,宏观调控就要包含计划调控,它本身就是广义的国家计划调控。不能因为字面上没有"有计划",就不要计划,不发挥计划的作用了。邓小平一再讲计划和市场两手都要用,用市场化来概括我们改革的方向是有问题的。我们要建立的社会主义市场经济,不是一般的市场经济,是社会主义的。社会主义的市场经济是在基本经济制度下面的一个有计划的市场经济,不是在资本主义制度下的自由市场经济。

我们要尊重市场,但却不可迷信市场。我们不迷信计划,但也不能把计划这个同样是人类发明的调节手段,弃而不用。现在我们的经济学界、理论界,甚至于财经界,有些人认为我们现在搞市场化改革,计划不值得一谈。在"市场化改革"口号下迷信市场成风,计划大有成为禁区的态势下,强调一下社会主义市场经济也要加强国家对经济的干预管理和计划调节的作用,是十分必要的。这并不是如同某些人曲解的"要回到传统计划经济模式"。

第五,社会主义市场经济的发展和完善,离不开国家宏观调控、计划调节的加强和完善。当然,社会主义市场经济下的计划调节,主要不是指令性计划,而是指导性、战略性、预测性计划,但它同时必须有指导作用和约束作用,也就是有导向的作用。正如党的十七大报告指出的,要"发挥国家发展规划、计划、产业政策在宏观调控中的导向作用"。

第六,坚持社会主义基本经济制度,既不能搞私有化,也不能搞单一公有化。这是党的十七届四中全会提出要划清四个重要界限里面的一条。不过要弄明白,私有化和单一化这两个错误倾向，目前哪一个是主要的。应该看到，当前主要的错误倾向不是单一公有制，而是私有化。对私有化和单一公有化两种倾向各打五十大板，不中要害，实际上是把私有化错误轻轻放过。如果公有制在国民经济中的比重不断降低，降得很低，甚至趋于零，那还算什么社会主义？现在连国家统计局的领导同志都在讲我国的经济成分一直是公降私升，国有经济比重一直不停地下降，宏观上并不存在某些人攻击的所谓"国进民退"。基本经济制度不但要求公有制经济占主体地位，而且要求国有经济起主导作用。中央对竞争性领域的国有经济一向坚持"有进有退"、发挥其竞争力的政策，而绝不是"完全退出"竞争性领域的政策，像一些新自由主义的精英们和体制内的某些追随者喋喋不休地叫嚷的那样。私有化的主张者不仅要求国有经济完全退出竞争性领域，他们还要求国有经济退出关系国民经济命脉的重要行业和关键领域，让私营经济进入这些天然是高利的部门，让私人资本来发大财。这是不能允许的，要知道，孙中山当年还提出过节制资本的口号呢！

（三）

我信奉的重要人生格言是"正直的经济学人应有的良心是不能丢弃的"；我坚守的学术目标是"为劳动人民服务"；我赞赏的学风是"把前人的东西钻研好，在掌握正确方向的基础上调查研究，不能人云亦云，要有独立的思想"。我虽然已经年近九十，但只要我的人生之路还在延续，我的经济学探索之路就不会停止，我所信守的这些信念就不会放弃。从我走上经济学探索之路起，我就希望我们国家日益强大，人民生活日益富裕和幸福。我坚信，通过社会主义市场经济的成功构建，一定可以实现我的这一心愿，这当然也是全国人民的心愿。

二　专题回顾

计划与市场关系变革三十年及我在此过程中的一些经历[①]

（一）解放思想激发对计划与市场关系问题的探索

十一届三中全会邓小平提出"解放思想、实事求是"的思想路线，使经济理论工作者开始摆脱种种教条主义观点的束缚。如何在社会主义条件下按照客观经济规律办事，成为经济理论界探讨的焦点。其中一个有关经济全局的问题是如何认识和处理社会主义条件下计划与市场的关系。

在十一届三中全会精神鼓舞下，我和中国社会科学院经济研究所赵人伟在1978年末1979年初着手研究这个问题，并把研究论文《论社会主义经济中计划与市场的关系》报送中国社会科学院，接着提交1979年4月由薛暮桥和孙冶方领衔在无锡召开的"商品经济与价值规律问题"讨论会。该文突破了过去关于"计划与市场在社会主义经济中相互排斥，不能结合"的传统认识，深入论证了社会主义经济中计划与市场的关系既不是互相排斥，也不是外在原因所产生的一种形式上的凑合，而是由于社会主义经济本质所决定的内在有机结合。为了确保国民经济各部门各地区的协调发展，为了维护整个社会公共利益和正确处理各方面的物质利益关系，必须在计划经济的条件下

---

① 该文载于魏礼群主编的《改革开放三十年见证与回顾》，中国言实出版社，2008。

利用市场，在利用市场机制的同时，加强国家计划的调节。

因为我们的这篇文章触及了中国经济改革的核心问题，所以受到国内外各方面的重视，引发了广泛的讨论。某位中央领导同志在看了发表在中国社会科学院《未定稿》的该文后批示，"这是一篇研究新问题的文章，也是一篇标兵文章，在更多理论工作者还没有下大决心，作最大努力转到这条轨道上的时候，我们必须大力提倡这种理论研究风气"。中共中央党校、国家计委、中国社会科学院等内部刊物，国内几家重要报刊都全文刊载了该文。大西洋经济学会通过当时的中国社会科学院院长胡乔木，要求我们将此文改写本送该会年会。该会执行主席舒斯特（Helmut Schuster）在发给胡乔木的电函中称，此文受到年会的"热烈欢迎"，认为"具有学术上的重要性"，并决定将此文同诺贝尔奖获得者英国詹姆士·E. 米德的论文一同发表于《大西洋经济评论》1979 年 12 月号，其他参会论文只发摘要。

这篇文章在当时产生重要影响，但现在看来，它还是有时代的局限性，就是仍然在计划经济的框架下提出计划与市场可以而且必须互相结合。这篇文章发表后，邓小平在 1979 年 11 月 26 日会见美国不列颠百科全书出版公司副总裁弗兰克·吉布尼时说："社会主义为什么不可以搞市场经济？我们是以计划经济为主，但也结合市场经济。"邓小平是我们党首先提出市场经济的中央领导，他这一次谈话，直到 1990 年前后才公布出来。他讲此话的时候，也还是认为"我们是以计划经济为主"。再联想到 1984 年十二届三中全会，划时代地提出"社会主义经济是有计划的商品经济"的同时,也解释说,这"有计划的商品经济","就总体上说","即我国实行的计划经济",所以,从"以计划经济为主体"的传统理论框架,转向"社会主义市场经济"的新的理论框架,还有很长的路要走。

然而,"计划与市场互相排斥,不能相容"的传统观念已经破除,坚冰已经打破,开创了传统计划经济向社会主义市场经济逐步转轨的新时代。这是邓小平领导下的中国共产党人在思想解放旗帜下的一个重大战果。

(二)指令性计划与指导性计划的消长

坚冰打破以后,人们普遍接受了这一点:社会主义经济下,计划经济与市场调节可以结合。这是在十一届六中全会和十二大的文件中都讲明了的。但是如何在国民经济的管理中,实现这种结合,也就是在计划经济中如何运用价值规律,是一个需要解决的问题。要缩小行政指令式的管理范围,扩大用经济办法管理经济,中国经济改革最初就是沿着这条思路摸索前进的。

这涉及我国国民经济的具体管理方式问题。过去我们实行的基本上是一套行政指令的计划管理方式。虽然陈云同志早就提出"三个主体、三个补充"的国民经济管理模式,但是这一正确主张后来被"左"的政策思想冲得七零八落,难以实现。为了探索在社会主义经济中计划与市场结合的途径,需要研究国民经济管理方式问题。1982年9月初,我应邀为《人民日报》撰写了《坚持经济体制改革的基本方向》一文,文中提出,在处理社会主义经济中计划与市场的关系时，应根据不同情况，对国民经济采取三种不同的管理形式，即对关系国民经济全局的重要产品的生产和分配实行指令性计划；对一般产品的生产和销售实行指导性计划；对品种繁多的日用百货小商品和其他农村产品实行市场调节下的自由生产和销售。文章还指出，随着经济调整工作的进展，随着买方市场的逐步形成，随着价格的合理化，要逐步缩小指令性计划的范围，扩大指导性计划的范围，指导性计划的实质就是运用市场调节来进行的计划调节。文章同时指出，在保留和完善国民经济的三种管理形式的同时，我们必须着力研究指导性计划的机制问题，这是社会主义经济的计划与市场关系中难度较大的一个问题，也是我们坚持改革方向必须解决的一个问题。

这篇文章在党的十二大前送《人民日报》，正好在十二大期间发表。由于十二大报告中有肯定"指令性计划在重大范围内是必要的必不可少的，是完成与国民生计有关的计划项目的保证"的阐述，同我的文章中主张的"指令性计划范围在今后的改革中应逐步缩小"的意思有出入，因此，十二大文件起草组部分同志认为我动摇了计划经济的原则，在权威报刊上以本报评论员名义发表长篇批判文章，义正词严地提出"指令性计划是计划经济的主要的和基本的形式"，"只有对重要的产品和企业实行指令性计划，我们的经济才能成为计划经济"。

当时我并不知道因为我的这篇文章某位领导同志曾在 1982 年 9 月 7 日写信给《人民日报》的领导人提醒说，"发表这样的文章是不慎重的"。在十二大闭幕后,我走出人民大会堂时遇到该领导同志,他对我说,"你有不同观点可以向中央提出,但在报上发表与中央不一致的观点影响不好,要作检查。"我后来在中国社会科学院党组从组织原则上做了"没有和党中央保持一致"的检查,但思想上并不认为自己的观点是错误的。

中国改革在实践中不断前进。20世纪80年代初中期的总趋势是市场调节的分量逐渐增加,而在计划调节的部分,又逐步减少指令性计划的比重,加大指导性计划的比重。两年之后,1984年十二届三中全会的决定证明了我的观点是正确的。十二届三中全会的这个《决定》起草工作,我参与了。全会提出,我国实行的计划经济,是在公有制基础上的有计划的商品经济。同时指出,实行计划经济不等于指令性计划为主,指令性计划和指导性计划都是计划经济的具体形式,要有步骤地适当缩小指令性计划的范围,适当扩大指导性计划的范围。当初批判我的同志也认同了这一论点。这说明认识的前进需要一个过程,差不多每一个人都是这么走过来的,一贯正确的人是没有的。过去我也是主张计划经济为主的。在十二届三中全会以前,我对"社会主义经济是有计划的商品经济"的提法也是有保留的。1982年我曾提出"首先要把社会主义经济定义为计划经济,其次才能说到它的商品经济属性",用"有商品经济属性的计划经济"这一观念来概括社会主义经济,就反映了我当时的认识水平。

(三)计划与市场:孰轻孰重

1984年的十二届三中全会到1992年的十四大,从确认"社会主义经济是有计划的商品经济"到提出"建立社会主义市场经济体制",这是关于计划与市场关系认识发展的一个重要阶段。

十二届三中全会提出有计划的商品经济概念,但是,对于"有计划的商品经济,究竟是计划经济为主还是商品经济为主"这个问题,理论界进行了长期的争论,一直莫衷一是。有的人说,计划经济还是社会主义的主要特征,商品经济只是附属性质;有的人说,商品经济是社会主义的主要特征,计划经济不是特征,应该从社会主义特征中抹掉。一方偏重于计划,另一方偏重于市场。因为对有计划的商品经济的概念理解不同,在对政策的把握上也不大一样。

1987年2月6日,十三大之前,邓小平同志在同几位中央负责人谈话时提出,"不要再讲计划经济为主了"。所以党的十三大就没有再讲谁为主,而提出了"社会主义有计划的商品经济体制应该是计划与市场内在统一的体制";还提出"国家调控市场,市场引导企业",把国家、市场、企业三者关系的重点放在市场方面;同时提出,"要从直接调控为主转向间接调控为主"。所以,计划与市场的关系,就从十二大时以计划经济为主、市场调节为辅,到十三大转为"计划与市场平起平坐,并且逐渐把重点向商品经济、市场经济的方面倾斜"。

1989年政治风波之后,情况有所变化。鉴于当时的政治经济形势,邓小平同志在6月9日的讲话中将计划与市场关系的提法,调回到"以后还是计划经济与市场调节相结合",即十二大时的提法。这个提法,从1989年政治风波后一直用到1992

年的十四大。此后的一段时间，我国的经济工作也更多地转到用中央行政权力来管理经济上面来，市场调节方面稍微差了一些。

由于"计划经济与市场调节相结合"的提法在理论上还是没有讲清楚到底计划与市场谁为主谁为辅的问题，所以在1990年和1991年理论界还在继续争论这一问题，并对改革的目标模式有不同的意见：有的主张市场取向；有的反对市场取向，说联合国统计上分类，都把中央计划经济的国家等同于社会主义国家，而把市场经济国家等同于资本主义国家。1990年12月十三届七中全会透露，邓小平同志说不要把计划与市场的问题跟社会制度联系起来。1991年七届人大四次会议重新提出要缩小指令性计划、扩大指导性计划的范围，更多地发挥市场机制的作用。在这样的气氛下，理论界的争论也发生了变化，大家逐渐地倾向于不再把计划与市场跟社会制度联系起来，更多地把它看成是资源配置的不同方式。特别是邓小平同志1992年的南方谈话清楚地指出，计划与市场不是划分社会制度的标志，而是社会主义和资本主义都可以利用的手段之后，大多数人的观点都逐渐统一到这一理解上来。

由多年的争论可以看出，在计划与市场关系的问题上，经济理论界两种思想情结都是很深刻的。一种是计划经济情结，一种是市场经济情结。双方都不否认对立面的存在，但非常执着地强调自己这一方面的重要性。所以有"为主为辅"的长期争论。其实作为资源配置的手段，计划与市场各有其正面优点与负面缺陷。我们要在社会主义经济工作中实行两者的结合，其目的就是要把两者的长处都发挥出来，避免两者的缺陷和不足。

基于这个信念，在这一段争论的末期，我试图用折中的办法来解决计划与市场的这一情结纠葛。1990年5月在《求是》杂志的讨论会上、1991年5月在全国计划学会第二次代表大会的发言中、1991年10月在中共中央党校的学术报告会上，以及其他场合，我都作了这种努力。

针对计划与市场的两种情结，我提出了"两个坚持和破除两个迷信"的意见：一是我们要坚持市场取向的改革，但不能迷信市场；二是我们要坚持计划调控，但不能迷信计划。简单说来，计划的长处就是能在全社会的范围内集中必要的财力、物力、人力，办几件大事，还可以调节收入，保持社会公正；市场的长处就是能够通过竞争，促进技术和管理的进步，实现产需衔接。但是，计划和市场都不是万能的。有这么几件大事不能完全交给市场，交给价值规律去管：一是经济总量的平衡；二是大的经济结构的及时调整；三是竞争导致的垄断问题；四是生态环境问题；五是社会公平问题。这些问题都得由国家的宏观计划调控来干预。但是计划工作也是人做的，人不免有局限性，有许多不易克服的矛盾，比如主观与客观的矛盾：一是由于主观认识落后于客观发展的局限性；二是由于客观信息不对称和搜集、传递、处理上的局限性；三是利益关系的局限性，即计划机构人员观察问题的立场、角度受各种利害关系的约束等。这些局限性都可能使宏观计划管理工作偏离客观情势和客观规律，造成失误。所以要不断提高认识水平和觉悟水平，改进我们的宏观计划管理工作，使之符合客观规律和情势的要求。

总之，我们要实行市场取向的改革，但不能迷信市场；要坚持宏观计划调控，但不能迷信计划。我在1990～1991年提出的这些概念，是符合邓小平同志关于"计划和市场都可以用"的思想的，也克服了对计划与市场的片面情结所带来的弊端，从而是顺应党的十四大关于建立国家宏观调控下社会主义市场经济体制决定精神的。

（四）十四大确立"社会主义市场经济"，"有计划"三字是省略而不是取消

1992年10月中共十四大明确提出，我国经济体制改革的目标是建立社会主义市场经济体制。这是我国计划与市场关系演变过程中的一个里程碑。十四大报告起草时，我有幸参与工作。邓小平同志南方谈话以后，各方面经过学习，对计划与市场的关系、建立新经济体制问题，都有了一些新的提法。起草小组就经济体制改革的目标模式问题，归纳各方面意见，整理成三点，即关于经济改革目标模式的三种提法：一是建立计划与市场相结合的社会主义商品经济体制；二是建立社会主义有计划的市场经济体制；三是建立社会主义市场经济体制。

关于这三种提法，时任中共中央总书记江泽民同志在中央党校讲话前，找我谈了一次。他个人比较倾向于使用"社会主义市场经济体制"的提法，问我的意见，我赞成这个提法，说这个提法简明扼要，同时我也提出一个意见：如果只用"社会主义市场经济"，不提"有计划的"市场经济，"有计划"这个方面可能容

易被人忽略，而"有计划"对于社会主义经济是非常重要的。总书记说："有计划的商品经济也就是有计划的市场经济。社会主义经济从一开始就是有计划的，这在人们的脑子里和认识上一直是很清楚的，不会因为提法中不出现'有计划'三个字，就发生了是不是取消了计划性的疑问"。后来他在中央党校讲话里也讲了这段话。我觉得总书记讲得很好，讲的确实是对的。

几十年来大家确实都是这样理解的，社会主义就包括"有计划"。

十四大提出建立社会主义市场经济体制，是在国家宏观调控下，让市场在资源配置中起基础性作用。国家宏观调控的手段，除了货币金融、财政税收，还包括国家计划，十四大报告明确指出"国家计划是宏观调控的重要手段之一"；并且，货币政策和财政政策，也离不开国家宏观计划的指导。宏观调控本身就是广义的国家计划调控。我们要建立的社会主义市场经济，不是资本主义的市场经济，也不是一般的市场经济，而是社会主义的。社会主义有很丰富的内容，包括公有制为主体、共同富裕的内容，也包含"有计划"的内容。所以说我们的社会主义市场经济是有计划的市场经济，是完全正确的。

为了给十四大提出建立社会主义市场经济体制作理论宣传作准备，1992年9月19日，中共中央几个部门在怀仁堂联合召开干部大会，举办系列讲座。我在讲座的开篇讲演《社会主义市场经济理论的若干问题》中，回顾了对计划与市场认识的曲折演变过程，阐明了若干焦点问题。我说，"建立社会主义市场经济新体制，要求我们更加重视和发挥市场在资源配置中的基础作用，在这个基础上把作为调节手段的计划和市场更好地结合起来。在配置资源的过程中，凡是市场能解决好的，就让市场去解决；市场管不了，或者管不好的就由政府用政策和计划来管。现代市场经济不仅不排斥政府干预和计划指导，而且必须借助和依靠它们来弥补市场自身的缺陷，这是我们在计划经济转向市场经济时不能须臾忘记的"。这也算是我在向市场经济转轨的关口，对于不要忘记"社会主义也有计划"的一个呼应吧。

（五）十七大重申发挥国家计划在宏观调控中的导向作用

30年来，我国的经济运行机制由传统计划经济逐渐转向社会主义市场经济，市场调节的范围不断扩大，推动了中国经济生动蓬勃地向前发展。现在商品流通总额中，市场调节的部分已经占到90％以上。前几年有人估计，中国市场经济在整体上完成程度已经达到70％左右，所以说社会主义市场经济已经初步建立。当然，目前市场经济还有一些不到位的地方，比如资源要素市场、资本金融市场等，需要进一步发展到位。但是也有因为经验不成熟、犯了市场幼稚病而发生的过度市场化的地方，如教育、医疗、住宅等领域，不该市场化的部分，都要搞市场化，发展到对市场的迷信，带来十分不良的后果，造成民众的一些痛苦。市场经济在发挥激励竞争、优化资源配置等优越性的同时，它本身所固有的缺陷，特别是在总量平衡上、环境资源保护上及社会公平分配上引发的负面效果，经过30年的演变，这两个方面已经充分地显露出来了。一方面经济发展取得了空前的成绩，另一方面社会经济出现了新的矛盾，如资源环境、收入分配、民生等，矛盾越积越多。这与国家的宏观计划调控跟不上市场化的进程有很大的关系。

本来我们要建立的市场经济，就是国家宏观调控下的市场经济。这些年国家对经济的宏观调控在不断完善前进，特别是十四大以来，我们在短期宏观调控上，先后取得了治理通胀和治理通缩的成功经验，但国家计划对短期和长期的宏观经济导向作用明显减弱。计划本身多是政策汇编性的，很少有约束性、问责性的任务；中央计划与地方计划脱节，前者控制不了后者的 GDP 情结；计划的要求与实际完成数字相差甚远。所有这些，影响到宏观经济管理的实效，造成经济社会发展中的许多失衡问题。

正是基于这种情况，党的十七大重新提出"发挥国家规划、计划、产业政策在宏观调控中的导向作用，综合运用财政、货币政策，提高宏观调控水平"。十七大明确提出这个多年没有强调的国家计划的导向性问题，我以为是极有针对性的。它再次提醒我们，社会主义市场经济应该是"有计划"的。

宏观调控的主要手段有计划手段、财政手段和货币手段。产业政策属于计划手段，规划也是一种计划，所以，主要是三种手段。财政政策、货币政策要有国家计划的指导，国家计划与宏观调控是不可分的，可以说前者是后者的主心骨。

在市场经济初步建立之后，市场的积极方面和缺陷方面都充分展现之后，在目前"市场化改革"口号下迷信市场成风，计划大有成为禁区的氛围下，重新强调一下社会主义市场经济也要加强国家宏观计划的作用，如十七大重新强调国家计划在宏观调控下的导向作用，是十分必要的。

鉴于十七大重新提出的这个重大问题，在许多学习十七大报告的宣传文章中没有予以足够的关注，我在 2007 年所写的《对十七大报告论述中一些经济问题的理解》一文中，第一条就是阐发"强调国家计划在宏观调控中的导向作用的意义"。最近我又写了《试用马克思主义哲学方法总结改革开放三十年》一文，其中指出，由计划经济向市场经济过渡，再到重新强调国家计划在宏观调控中的导向作用，这合乎辩证法的正－反－合的规律。这不是如同某些人歪曲的要回到传统计划经济的旧模式，而是计划与市场关系在更高层次上的综合。

我这样说是有根据的。现在重新强调国家计划在宏观调控中的导向作用，不同于过去的"传统计划经济"。第一，现在的国家计划不是既管宏观又管微观、无所不包的计划，而是只管宏观，微观的事情主要由市场去管；第二，现在资源配置的基础性手段是市场，计划是弥补市场缺陷的必要手段；第三，现在的计划主要不再是行政指令性的，而是指导性的、战略性的、预测性的计划，同时必须有导向作用和必要的约束功能、问责功能。

这样的国家计划导向下的宏观调控，是中国特色社会主义市场经济所必备的内涵，所以，不应把"计划性"排除在社会主义市场经济含义之外。我们要本此精神，努力改进国家计划工作与宏观调控工作，使之名副其实地起导向作用，指导社会主义市场经济的发展，实现市场和计划在更高层次上的结合。

关于改革开放新时期的宏观调控①

宏观调控是社会主义市场经济体制的重要组成部分。改革开放以来，宏观调控政策对促进经济实现平稳较快增长，发挥了积极作用。我在这方面写过一些东西，在一些场合讲过一些看法。现在以此为主要线索，谈谈这个问题。

（一）宏观调控是一个动态的中性概念

改革开放以来，对宏观调控政策，社会上有种种看法，其中不乏对宏观调控政策的误解，把宏观调控的概念搞得面目全非，需要加以厘清。

一种似是而非的看法是把宏观调控和经济发展对立起来，好像宏观调控的功能只在收缩和限制，而不管发展了。比如，前些年一篇报道讲"去年下半年，中央开始实施宏观调控，当时一些地方的企业，认为这会丧失加快发展的难得机遇"。一篇文章讲"一方面要宏观调控，一方面要注意经济发展"。实际上，宏观调控本身就包含了限制与发展、紧缩与扩展、后退与前进几方面的内容。宏观调控与发展的关系，体现在宏观调控既有刺激促进经济发展的措施，也有通过限制一些领域的过度

---

① 该文由刘国光口述，汪文庆、文世芳整理，载《百年潮》2010年第1期。

扩张为整个经济创造良好发展环境的措施。所以，有人说"宏观调控的立足点是为了发展，为了更好地发展"，这个说法是不错的。

在宏观调控的时限上也有误解。有些企业主认为宏观调控阻碍了他们的事业发展，提出"国家宏观调控到底会调多久"的疑问，把宏观调控当作临时救急措施。其实，宏观调控的目的是熨平经济波动，使波峰不再那么陡，波谷也不再那么深，促进经济平稳发展，不要大起大落。如果经济波动永远存在，那么，宏观调控就会随时进入，没有安歇的时候。

宏观调控依宏观经济形势变化而异，一般说来有三种情况：一是在总需求小于总供给，或实际经济增长率低于潜在经济增长率，或物价总水平一路走低时，要进行扩张性的宏观调控；二是情况与上面相反，当总需求大于总供给，或实际增长率高于潜在增长率，或发生通货膨胀时，就要实施从紧收缩的宏观调控；三是中间状态，当总需求与总供给大体相当，物价总水平在正常区间移动，宏观调控就要采取中性的政策。中间状态下经济也会存在不平衡不稳定因素，多起因于经济结构的不协调，宏观调控就要采取有保有压、有紧有松、松紧适度、上下微调的方针，来维护经济的持续协调发展。

以上是市场经济下经济波动和宏观调控政策变化的一般情况。我国在1978年以前是计划经济；在1978～1992年间由计划经济向计划商品经济过渡，基本上还是计划经济；1992年到现在是初步建立和进一步完善社会主义市场经济体制阶段。经济波动在计划经济条件下和市场经济条件下都会周期性发生，虽然规则不尽相同。计划经济时期也有宏观调控，但不叫"宏观调控"，它从属于政府的宏观、微观无所不包的计划管理和综合平衡。计划平衡具有行政手段约束经济过度扩张的功能，但更多时候抵不过公有制下的财务软约束和投资扩张冲动，而且计划平衡的周期放松往往成为发动过度扩张的根源，致使经济陷入长期波动中。这个情况随着向有计划的商品经济体制过渡趋于缓和，但在卖方市场消失前，计划平衡（20世纪80年代后期开始被称作"宏观控制"）基本上是以通货膨胀为斗争对象，以周期性的紧缩为特征；但随后又往往自动放松，让位于扩张过程。

1992年在政府正式提出向社会主义市场经济体制过渡以后，市场经济意义的宏观调控逐渐走上历史舞台。1993～2007年，中国宏观调控经历了三轮不同的政策：一轮是针对1992年的经济过热，从1993年起实施的紧缩性宏观调控，大约持续到1997年；一轮是针对1997年的经济偏冷，从1998年开始实施扩张性的宏观调控，大约持续到2002年；一轮是针对2003年的经济平稳较快增长，实施了财政政策、货币政策双稳健的宏观调控，即中性的宏观调控，大约持续到2007年。近两年，经济形势波动剧烈，中国宏观调控政策也经历了从稳中适当从紧向扩张性的宏观调控政策的转变。

（二）20世纪80年代稳中求进的改革思路

1987年10月至1988年6月，国家体改委组织了九个课题组，来自中国社会科学院、北京大学、中共中央党校、中国人民大学等单位的经济学家,对中期改革(1988~1995年)思路规划展开热烈讨论。讨论中,围绕着经济改革需不需要一个比较宽松的经济环境,实际上就是如何看待通货膨胀的问题,当时主要有两种意见。

一种意见认为,经过9年多的改革,中国经济的生机和活力大大增强,虽然现在经济环境仍然偏紧,但是仍朝着好转的方向发展。中国经济改革只能在经济紧张的环境下进行,而相对宽松的环境只是改革的结果,不是改革的前提。因此,他们认为通货膨胀、物价高一点不可怕,主张以适度的通货膨胀政策来加速经济增长,"把蛋糕做大"。这种"通货膨胀无害论"的意见,在1988年时达到顶峰,在当时实际上占优势地位,中央一些领导都赞同。

另一种意见在承认9年多的改革取得了重大成就的同时,认为经济形势比较严峻。反对"适度通货膨胀,支持高经济增长"的论点,认为通货膨胀不利于改革,也不利于发展。改革只能在一个比较宽松的环境中进行,具体来讲就是总供给要略大于总需求,物价比较平稳。在总需求大大超过总供给、物价节节上涨的紧张情况下,容易导致市场秩序混乱,改革很难进行,甚至出现抢购的情况。

如何治理通货膨胀,也有两种思路。一种思路主张首先采用直接的行政手段紧缩社会总需求,实行严格的宏观控制,进而在此基础上进行以价格改革为中心的配套改革。另一种思路是我们中国社会科学院课题组的意见。我们不赞成治理经济用

"猛药"，提出"双向协同，稳中求进"的主张，即以稳定经济的措施保证改革的继续推进，同时用有计划、有步骤的改革措施推进经济的持续稳定发展，具体来讲，中期改革前三年以"稳"为主，主要着力于治理通货膨胀，同时有选择地进行改革；后五年从"稳"转"进"，改革的步伐可以大一点。

事实上，从1984年开始，围绕着经济是否过热和是否应当采取紧缩政策，经济学界和决策者就展开了研讨，但因为意见一直存在较大分歧，迟迟未能作出政策决定。我把从1984～1988年这几年的经济比作是"空中飞人"，因为长期处于将要着陆又重新起飞的状况，很难实现"着陆"。

1988年2月，党的十三届二中全会在北京召开。当时我是中央候补委员，在会上作了一个题为"正视通货膨胀问题"的发言，强调"稳定物价"的方针口号不能放弃，发言引起广泛共鸣。一位中央领导同志和我一个小组，他听了我的发言表示赞同。我对他说，治理通货膨胀现在就要抓紧，不抓紧很危险，要出问题。薛暮桥看了发言纪要后来信说："要下决心在两三年时间解决通货膨胀问题，那种认为停止通货膨胀会引起经济萎缩的观点，无论在理论上或者实践上都是无根据的。"

1988年5月，中央政治局常委会决定在此后五年内实现工资和价格改革"闯关"。1988年5月末，在讨论如何执行这一决策的高层会议上，我和吴敬琏提出"先治理，再闯关"的主张。我们认为，从农产品开始的涨价风正向其他领域扩散，各地零星抢购已经发生，且正在此起彼伏地蔓延开来，通货膨胀预期正在形成。但是，另外一些经济学家的意见也得到肯定。这些经济学家根据他们对拉美经济的考察，认为百分之几千的通货膨胀都不至于对经济繁荣造成障碍，由此得出了在高通胀、高增长下实行物价改革"闯关"的结论。

但是，事态并没有像乐观估计的那样发展。1988年6月初中央正式决定进行物价和工资政策闯关以后，物价迅速上涨，全年居民消费价格指数高达18.8%，城市普遍出现抢购风潮，人们纷纷到银行挤兑，搞得许多银行没有现金，不敢开门了。

为了抑制爆发性的通货膨胀，中央决定进行治理整顿，采取强行着陆的宏观调控政策。由此，物价迅速下降，付出的代价虽然没有"大跃进"那么大，但也确实不小，经济出现了过冷的局面，GDP增长速度由1988年的11%降到1990年的4.1%。

（三）20世纪90年代中期治理通货膨胀和"软着陆"

从1991年开始，经过治理整顿，我国经济开始复苏，GDP从1990年的4.1%上升到1991年的9.1%。1992年初，邓小平发表著名的"南方谈话"，极大地激发了广大干部群众发展经济的热情。各地政府、部门、企业都表现出很高的积极性，但是主要注意力却放在搞经济开发区、铺基本建设摊子上。1992年全国各地层层搞开发区，甚至乡一级政府都搞，到处大兴土木、挑灯夜战，建设规模远远超出了国家和地方的承受能力。各地出现了投资热、房地产热、股票热、开发区热等现象，全年GDP增长14.2%，已经显示出过热的迹象。1993年一部分地区发生了抢购、挤兑现象，但情况没有1988年那么严重。

从1992年中期到1993年中期将近一年的时间，各方面对宏观经济形势的认识和主张很不一致。当时主要有三种意见：第一种意见认为经济过热的迹象已经十分明显，主张采取过去使用的老办法，用行政命令的办法进行整顿，全面压缩需求，基建项目下马，进行"急刹车"；第二种意见认为国民经济发展的势头很好，主张继续采取扩张性的政策，保持这种好的势头，防止经济下滑；第三种意见是审时度势，研究采用新的举措，使经济逐步降温，最终实现"软着陆"。

我赞成第三种意见。我认为，当时的高速增长，有正常的因素，从治理整顿时期过冷的经济状况中逐渐恢复，也有过热的因素，而且过热的因素正在积累。应该采取果断措施解决经济过热，但不应该采取1988年"急刹车、严厉紧缩"的宏观调控政策。1993年，我在一篇文章中比较早地提出，要采取"微调、降温、软着陆"的办法。1994年5月，在《求是》杂志社召开的一次座谈会上，我进一步把"微调、降温、软着陆"表述为顺应当时经济形势唯一可行的宏观调控思路。"微调、降温、软着陆"，具体来讲就是把住财政货币投放和信贷货币投放两个正门，国民经济总量保持一个偏紧的盘子，审时度势地进行微调，有松有紧，时松时紧，争取通过几年的努力来抓紧深化改革和结构调整，把经济增长和物价上涨控制在比较好的目标范围内，以平稳地过渡到下一个经济周期。

到1993年第二季度，通货膨胀的形势已经十分明显，零售物价指数较上年同期上涨了 10%。这时，各方面的意见才趋于一致。1993 年 6 月，国务院出台了加强宏观经济调控的 16 条措施，包括财政、金融和投资等几个方面。这 16 条措施是适应当时的经济情况，实行一个适度双紧的政策。所谓"双紧"，就是指适度紧缩的财政政策和适度紧缩的货币政策。16 条措施起到了釜底抽薪的作用，经济过热很快得到遏制。同时中央又注意对经济适度微调，有松有紧，国民经济保持了平稳运行。从 1993 年到 1997 年，经济增长速度从 13.5% 降到 9.6%，每年大约降低 1 个百分点，比较和缓，既克服了经济过热，又避免了用急刹车的办法来全面紧缩，带来各方面的滑坡，使中国经济能够在平稳的回落当中仍然保持较快的速度。

物价走势相对于 GDP 增长而言，总是滞后一些。在 1993 年、1994 年经济增长速度持续回落时，居民消费价格指数仍继续上涨，1994 年达到 24.1%，比 1988 年还要高，是改革开放以来历年中最高的。社会反响强烈，中央对此高度重视，1995 年提出把抑制通货膨胀作为宏观调控的首要任务，继续坚持适度从紧的财政政策和货币政策，同时采取了一系列政策措施。此后，居民消费价格指数在 1995 年时降到 17.1%，1996 年降到 8.3%，1997 年降到 2.8%，总体上来讲降得比较快。

到 1996 年底，宏观调控"软着陆"的趋势已经很明显，当年 GDP 增长率为 9.7%，居民消费价格指数为 8.3%。这既避免了"大跃进"前后那样的大起大落，也避免了 20 世纪 80 年代中期那样的"空中飞人"，非常成功。《人民日报》的同志找到我说,根据国务院领导同志的意见,请我写一篇文章,从理论上总结"软着陆"的成功经验。1997年1月7日,我和刘树成合写的《论"软着陆"》在《人民日报》上发表。这篇文章阐述了什么是"软着陆",为什么要进行"软着陆",怎么样进行"软着陆"等问题。怎么样进行"软着陆",实际上就是讲这几年中央实行适度从紧的财政政策和适度从紧的货币政策的经验,我概括为四条经验。一是及时削峰。1993年国务院出台的16条措施非常及时,有效地控制了扩张的强度和峰位。二是适度从紧。不是全面紧缩,而是该紧的紧,该松的松,把握调控的力度。三是适时微调。在适度从紧的总原则下,根据实际情况,审时度势进行微调和预调,以缓解"降温"中的实际困难,防止出现过度滑坡。四是抓住主线。治理通货膨胀和保持经济的相对快速增长。当时,宏观调控是以治理通货膨胀为首要任务,还是以继续加快经济增长、实现就业为先,一度是经济学界争论的焦点。中央明确把治理通货膨胀作为宏观调控的首要任务,同时又很好地把握了调控力度,做到了两者兼顾。国务院领导同志对这篇文章予以肯定,在《人民日报》"编者按"中说"这是迄今为止关于宏观调控经验的一篇最好的文章"。

(四)世纪交替治理通货紧缩

以1997年7月亚洲金融危机爆发为契机,无论是中国还是世界,宏观经济形势都发生了戏剧性的变化。各国所面对的主要问题,不再是通货膨胀,而是经济衰退带来的通货紧缩。从

1998年到2002年，中国政府用5年的时间治理通货紧缩，成效显著。

对通货紧缩的具体定义学术界尚有分歧，简单来讲就是物价总水平持续下跌。当时中国经济出现了市场疲软、经济增长率下降、物价负增长等情况。GDP在1997年时增长到9.3%，1998年下滑到7.8%，1999年又进一步下滑到7.6%。物价从1997年10月开始负增长，持续两年多呈下降趋势。

中国通货紧缩的具体原因，和世界上其他国家相比更为复杂，既有消费需求、投资需求不足，出口需求骤减的原因，也有过去盲目投资带来的供给过剩和供给刚性等方面的原因。简单来讲，有两个直接原因。一是"软着陆"政策的惯性作用。1997年成功实现了"软着陆"，通货膨胀率趋向于零，但治理通货膨胀的政策措施有滞后效应，经济增长率下降和物价下降不可能一下子停下来。1997年10月初，在中国社会科学院经济形势分析与预测课题组召开的秋季座谈会上，我提出现在有轻度通货紧缩的危险，建议为防止经济回落的惯性可能带来的后续经济持续下滑，需要适时适度地做一些必要的松动微调。二是亚洲金融危机的影响。我国对邻近一些国家、地区的出口大幅度减少，同时这些国家、地区在我国的直接投资也大幅下降。这时候有人提出，适度从紧的政策推行时间长了一些，力度也未能适时递减。这个观点有道理，但这是事后诸葛亮。亚洲金融危机影响到我们有一个过程。中央不是神仙，对这个问题的认识也有一个过程。有一些人借此说根本就不该搞适度从紧的政策,早就应该宽松。那就没有道理了。如果按照他们的思路搞,我们的经济会更糟糕。

1998年,亚洲金融危机的影响慢慢显露。中央审时度势,调整政策,作出了扩大内需的重大决策,提出了一系列宏观调控措施。其中最主要的是从1998年7月开始实施积极的财政政策,利用政府发行国债进行基础设施建设投资,并以此带动地方政府、企业配套投资和银行贷款、社会投资。金融政策方面也进行了微调,采取多种措施扩大货币供给,这实际上从"软着陆"后期就已经开始了,但一直没有明确具体是什么政策,到2000年才提出实行稳健的货币政策,实际上是由适度从紧转为稳中适度宽松的政策。那时候刚刚经历了亚洲金融危机,国家非常强调金融安全,货币政策不能够大松,只能是微松,但方向是同积极财政政策一致的。

当然,治理通货紧缩,单靠宏观调控是不够的,因为无论如何都要受到体制的限制。中央在加强宏观调控的同时,抓紧推进以国有企业改革为中心的一系列改革,这对于促进需求和改善供给而扫除制度障碍,建立必要的体制环境至关重要。

到2000年初,经济增长速度下滑的趋势得到遏制,当年GDP增长率为8%,居民消费价格指数由负转正,当年为0.8%,而1999年是1.3%,经济开始出现重大转机。此后两年,即使出现了外部经济环境不利、国内财政投资在总投资中的比重逐渐下降的情况，GDP 增长仍然达到了 7.3% 和 8% 的好成绩，居民消费价格指数也保持正数，2001 年为 0.7%，2002 年为 1.2%。这表明了中央治理通货紧缩政策的有效性。

2000 年初，《人民日报》的同志又来找我说，根据国务院领导同志的意见，让我写一篇文章，总结一下这几年治理通货紧缩的经验。我又和刘树成合作，写了《略论通货紧缩趋势》一文，发表在 2000 年 2 月 22 日的《人民日报》上。这篇文章讲了通货紧缩的特点、成因和治理对策。我们在文章中还提出，从前几年成功治理通货膨胀到近两年积极地抑制通货紧缩，说明党中央驾驭经济全局的能力更加成熟，宏观调控的经验更加丰富了。

这篇文章得到国务院领导同志的肯定，并在标题上加上原本没有的"趋势"二字。我理解他这样做是有用意的。当时社会上特别是银行界不认为我们有通货紧缩，还有一些人怕讲通货紧缩。加"趋势"两字，有一点淡化通货紧缩的意思。

（五）向中性的宏观调控政策过渡

对于快速增加需求、迅速遏制投资下滑的势头，积极的或扩张性财政政策具有独特的优势，但是它也有比较消极的方面，比如相对而言投资效益不一定高、政府所发的国债最终要通过税收来偿还。因此，从 2000 年起，经济学界就有"积极的财政政策逐步淡出"的呼声。

我当时也是这个意见。2000 年 10 月，我在三个研讨会上都提出，要做好准备，适时逐步停止扩张性的宏观调控政策，但不能走到紧缩性的宏观调控政策，要向中性的财政货币政策过渡。我还提出要"双防"，既要防止通货紧缩，又要警惕通货膨胀。当然，那时候经济形势只是有趋稳回升的迹象，整个国内需求增长乏力的问题没有解决，而且2001年、2002年国内经济又有所波动，因此仍要坚持积极的财政政策和稳健的货币政策。我当时估计，积极的财政政策淡出可能是在2002年或者2003年。

2003年，中国尽管遭受了SARS的袭击，但经济仍保持了较快增长，GDP增长率达到9.1%，居民消费价格指数也上升到1.2%，中国经济进入新一轮快速增长周期。宏观经济政策的调整提上了议事日程。

2003年10月、12月，我分别在中国社科院经济形势分析与预测课题组秋季座谈会和中国经济高级论坛上指出，当前通货紧缩趋势已经淡出，严重的通货膨胀尚未形成，宏观调控宜采用中性的政策，财政货币政策适当收紧。

2004年2月、5月，我两次在温家宝总理主持召开的经济专家座谈会上发言，提出当前总需求与总供给大体相当，物价总水平在正常区间移动，宏观调控应采取中性的政策，实行有保有压、有紧有松、松紧适度、上下微调的方针，来维护经济的持续稳定协调发展。

我的这些意见同后来2004年中央经济工作会议和2005年十届全国人大三次会议的决策是一致的。这两次会议都提出实行"双稳健"的宏观调控政策，即稳健的财政政策和稳健的货币政策。这在中国宏观调控历史上还是第一次。中央文件中没有提"中性"两个字，但是我理解，意思是一样的。当时的财政部部长金人庆解释说，稳健的财政政策就是经济学中讲的中性的宏观政策。至于稳健的货币政策，中国人民银行没有解释是不是中性的。但是，前一阶段应对通货紧缩的时候，货币政策也叫稳健的货币政策，当时的稳健是稳中从松，现在是稳中从紧。这就表明，稳健的货币政策实际上是中性的，可以从松，也可以从紧，视具体情况而定。

从 2003 年到 2007 年，在"双稳健"的宏观调控政策下，中国经济实现了平稳较快增长。GDP 增长率 2003 年为 9.1%，2004 年为 10.1%，2005 年为 10.4%，2006 年为 11.1%，2007 年为 13%，总体上情况比较好，到后期高了点。居民消费价格指数 2003 年为 1.2%，2004 年为 3.9%，2005 年为 1.8%，2006 年为 1.5%，2007 年为 4.8%，还是比较平稳的。这 5 年可以说是改革开放以来乃至新中国成立以来经济发展最好的一段时间。

（六）近几年经济波动中的宏观调控政策

2005 年以后，我年纪大了，不再主持中国社会科学院经济形势分析与预测课题组的工作，国务院经济专家座谈会也没有再找我。同时，我的研究方向变了，有两三年时间没有再关注宏观经济政策问题，没有发表什么意见。

2007 年底 2008 年初，宏观经济形势发生了较大变化。2007 年 GDP 增长率达到 13%，居民消费价格指数达到 4.8%，而且继续上涨，2008 年 4 月达到 8.7%，经济呈现明显过热的现象。2007年6月国务院常务会议确定货币政策为稳中适度从紧。2007年12月中央经济工作会议提出2008年货币政策要从紧,并提出"双防",即防止经济过热、防止明显的通货膨胀,这和以前所讲的"双防"含义不一样了。2008年3月全国人大会议再次提出要"双防"。

2008年4月,中国宏观经济学会召开会长顾问会,研讨经济形势。我是这个学会的副会长,在会上发言,提出宏观经济政策既要有短期目标也要有中长期目标。要在两三年时间内实现两个中期目标:一是GDP增长率从2007年的13%降到潜在经济增长率9%以内;二是物价,我认为当时已经出现了明显的通货膨胀,居民消费价格指数要从8%以上调整到-2%~3%的区间。物价不可能不波动,在这个区间内的物价波动是正常的,无须惊慌。从中长期来讲,要坚持中央已定的稳中适度从紧的货币政策,同时也要实行稳中适度从紧的财政政策,以避免我国经济周期性的过热。

我没有想到,由于美国次贷危机引发的全球金融危机的影响,经济形势变化很快。不是我设想的两三年,而是只经过八九个月,2008年GDP增长速度就从上年的13%突降到了9%,下滑了4个百分点,2009年第一季度进一步降到6.1%,这是现在看到的最低谷。消费价格指数也很快从2008年2月的8.7%降到2009年1月的1%。

2008年11月,针对经济下滑的态势,中央又对宏观经济政策进行了一个大调整。稳健的财政政策转变为积极的财政政策，提出4万亿的投资和10个行业的振兴计划。同时，稳健的货币政策转变为适度宽松的货币政策。这样一个大变动，实际上就把稳健的宏观调控政策转变为扩张性的宏观调控政策。货币政策和财政政策两个方面都很积极，并且力度都很大，这是历史上少有的。应该说，这个宏观政策的大调整，对应对国际金融危机，推动我国经济从下滑到趋稳，起到了积极作用。

2009年2月7日，中国宏观经济协会再次召开会长顾问会，讨论经济形势问题。我在会上讲，现在经济形势往下走虽然急了一点，但是符合我国宏观调控的大方向。我们的大方向，就是要把超过资源、环境和民生所能承载能力的过高增长速度逐渐降到潜在增长速度以内，把明显的通货膨胀降到正常的物价波动区间内。这个方向是对的，2009年这么下来也不错。从中长期来看，今后怎么办？我提出，经济走势不宜采取V形或者U形。V形和U形有一定差别，V形是从底部下了上去了，U形是慢慢上去。但是这两种走势，都是希望重新迅速起飞，最后又要走到GDP增长率超过两位数、经济明显过热的老路上去。我主张经济应取L形走势，但2009年第一季度我们的GDP增长率已经降到了6.1%，偏低了一点，因此L形的底部横线要上翘一段，曲折转平，回到我们潜在的经济增长率8%～9%上下波动的正常区间。从现在的形势看，2009年经济增长率"保八"是很有希望的。

我想，如果能达到这样的调控结果，我们就能够争取到从容调整经济结构和转变增长方式的时间和空间，从而为实现经济长期较快平稳发展创造条件。这是我们当前经济工作中最重要的问题。我们需要真正把中央扩大内需的决策落到实处，切实改变目前消费需求偏低、过于依赖投资和出口拉动的局面；第三产业多发展一点，劳动密集型产业多发展一点，中小企业多发展一点，实现技术的升级换代，转变经济增长方式。这个问题的解决，我们已经启动不少年了，解决起来确实非常有难度。我想，如果我们能争取到中速发展，有一个比较宽松的环境，解决这两个难题比较容易一些。

由于经济回稳的基础还不稳固，国际经济危机的影响还没有减弱，因此2009年中央领导多次讲话，坚持积极的财政政策和适度宽松的货币政策不动摇。但是因为货币投放量过大，通货膨胀预期已经出现，我们需要密切注意这些问题。当然，现在物价还不高，但我们要看到，物价的走势往往是相对滞后的。

2009年6月，我在两个公开场合和一个内部场合发言，继续发表对宏观经济形势的看法，再次强调不希望中国经济中长期走势重复出现V形或者U形走势。这种走势往往导致经济的大起大落，而不能平稳发展。新中国经济实践表明，不出现V形或者U形走势，很重要的一条是要防止出现片面追求GDP增长速度的倾向。这方面我们的教训太多太深刻了。追求速度是个好事情，谁不想快，我也想快，但是我们必须尊重客观经济规律。我认为，中长期的宏观调控，应该以经济潜在增长速度，也就是以中速为目标，不要追求过高的速度。经济潜在增长速度各个时期不一样，根据具体情况而定，现在中国大概是在8%～9%。8%～9%在中国是中速,8%～9%以下是低速,10%以上是高速。但在世界上,8%～9%是一个非常高的速度。我们应该珍惜这个速度,不要以两位数以上的增长速度为正常现象,好像不到两位数就不过瘾。这不是我一个人的意见,很多同志也是这个意见,只是不像我这么强调,这么明确地提出来。

我国这次经济波动,看来2009年第一季度已经见底,第二季度开始回升。宏观经济形势面临新的变化,宏观经济政策需要先行一着,相应调整。最近《人民日报》(2009年10月)记者来采访,我本着上述精神,谈了以下三点看法。

1. 世界金融经济危机使许多国家采取过度宽松的宏观政策,我国也不例外,如4万亿元投资的积极财政,9～10万的信贷增量投放,等等。宽松的宏观政策已经带来经济止降回升的效果,并且收效在各国的前面。随着形势转缓,过度宽松政策的退出迟早要上议事日程,各国已开始考虑。我国率先复苏,恐怕也要在这方面先走一步,将宏观调控由宽松转向适度宽松再转向中性稳健的政策。

2. 目前我国实际经济增长率仍略低于潜在增长率,为维持复苏振兴势头,仍需继续一段适度宽松的宏观政策。一旦达到潜在增长率水平,就要考虑实现宏观政策由宽松向中性稳健的转变。到2009年底2010年上半年实际经济增长率肯定可以达到8%以上,进入潜在增长率的区间,时间大约在经济工作会议至2010年春季两会前后,此期间宣布宏观调控逐步由适度宽松向中性稳健过渡是适宜的。考虑到物价变动与货币信贷变动之间大约有半年多的时滞,在冬春之交开始政策调整,将有助于抑制 2010 年后期(第四季度)物价继续向比较深度通胀发展的后果。

3. 宏观政策转向中性和稳定,不但有助于抑制通胀的发展,有助于物价稳定,而且有利于我国发展思路由高速增长转向中速增长的目标。我国经济增长即将进入潜在增长率的区间,在此区间将宏观政策调整到中性,是一个大机遇。危机前两位数的高速发展,超过资源环境和人民承受能力,调整结构和转变发展方针都遇到不可克服的困难。只有中速增长才能使我们摆脱这些困难,结构调整的从容进行和发展方式的转变,保持了经济的持续、协调、较快的增长。而片面追求过高速度是不能持续的。不能指望 V 形走势右方一直上去,走向高速,而要曲折转平,走向平稳中速。所以"保增长"和"调结构""转方式"的次序安排,要把"保增长"放在"调结构"和"转变发展方式"的后面,这样才能真正地保增长——这里讲的是持续、协调、稳定的增长,而不是忽高忽低的、不可持续的高增长。这也算是我的一个政策建议。

改革开放新时期的收入分配问题[①]

进入 21 世纪,随着收入差距扩大的趋势日益明显,收入分

---

① 刘国光口述,汪文庆、刘一丁整理,载《百年潮》2010 年第 4 期。

配问题受到关注。在继续做大社会财富这个"蛋糕"的基础上,如何通过合理的收入分配制度,把"蛋糕"分好,让全体人民共享改革发展的成果,成为中国面临的一个重大命题。我曾发表几篇文章,研讨收入分配问题,为"效率优先,兼顾公平"的逐渐淡出,并进一步重视社会公平鼓与呼。现在看来,我的观点和中央在这一问题上的最终决策精神是一致的。这里我想梳理一下改革开放新时期收入分配政策的演变,侧重谈谈对效率与公平关系的认识,并对今后改革收入分配制度提出一点思路。

(一)收入分配政策的演变

改革开放新时期的分配政策,从最初打破平均主义,为按劳分配恢复名誉,到现在继续坚持以按劳分配为主体、多种分配方式并存的分配政策,经历了一个渐进的变化过程。

1956年,社会主义改造完成以后,社会主义制度建立,按劳分配成为中国最基本的收入分配制度。即使在"文化大革命"期间,1975年《中华人民共和国宪法》也规定要实行按劳分配制度。但是,十一届三中全会之前,中央一些高层领导,误读了马克思关于按劳分配中等量劳动相交换的原则,认为其仍然是资产阶级式的"平等的权利"的论述,把战争环境中实行过的、带有平均主义色彩的供给制度理想化了。在"文化大革命"中,张春桥等人又把这种认识推向极端,把按劳分配视为资产阶级法权进行批判,把八级工资制等社会主义政策看成产生新的资产阶级的基础和温床。因此,平均主义盛行。这种平均主义的分配制度是对按劳分配原则的歪曲,带来的不是普遍的富裕，而是共同的贫困，这个现在大家都很清楚。

因此，粉碎"四人帮"以后，经济学界拨乱反正，最早就是从为按劳分配正名开始的。1977～1978年，由于光远同志倡议，先后召开了四次全国按劳分配理论研讨会。通过讨论，大多数同志认为，按劳分配不但不产生资本主义和资产阶级，而且是最终消灭资本主义和资产阶级的必由之路。我国不存在按劳分配贯彻过分的问题，而是贯彻不够的问题。

从中央的政策来讲，当时也是强调坚持按劳分配的社会主义原则，我手头有几份材料，可以说明这个问题：一是1977年8月，党的十一大报告提出"对于广大人民群众，在思想教育上大力提倡共产主义劳动态度，在经济政策上则要坚持实行各尽所能、按劳分配的社会主义原则，并且逐步扩大集体福利"；二是五届全国人大政府工作报告，也专门就这一问题进行了论述"在整个社会主义历史阶段，必须坚持不劳动者不得食、各尽所能、按劳分配的原则……在分配上，既要避免高低悬殊，也要反对平均主义。实行多劳多得，少劳少得"；三是1978年5月5日，在邓小平的鼓励和指导下，国务院政治研究室的同志撰写了《贯彻执行按劳分配的社会主义原则》一文，以"特约评论员"名义在《人民日报》上发表，使按劳分配的名誉得到了正式恢复。

1978年12月13日，邓小平在十一届三中全会前夕召开的中央工作会议上，提出了允许一部分人、一部分地区先富起来的思想："在经济政策上，我认为要允许一部分地区、一部分企业、一部分工人和农民,由于辛勤努力成绩大而收入先多一些,生活先好起来。一部分人生活先好起来,就必然产生极大的示范力量,影响左邻右舍,带动其他地区、其他单位的人们向他们学习。这样,就会使整个国民经济不断地波浪式地向前发展,使全国各族人民都能比较快地富裕起来。"邓小平说:"这是一个大政策,一个能够影响和带动整个国民经济的政策,建议同志们认真加以考虑和研究。"

当时,很多人有顾虑,一部分人、一部分地区先富起来,会不会导致两极分化呢?1984年十二届三中全会《关于经济体制改革的决定》里面讲了一句话:"只有允许和鼓励一部分地区、一部分企业和一部分人依靠勤奋劳动先富起来,才能对大多数人产生强烈的吸引和鼓舞作用,并带动越来越多的人一浪接一浪地走向富裕。"这句话中"依靠勤奋劳动"很重要,是避免两极分化的关键所在。邓小平也多次说,"坚持社会主义,实行按劳分配的原则,就不会产生贫富过大的差距。再过二十年、三十年,我国生产力发展起来了,也不会两极分化"。

1987年1月22日,中共中央政治局决定把农村改革引向深入,这就是当年的中央一号文件。该文件提出,"在社会主义社会的初级阶段,在商品经济的发展中,在一个较长时期内,个体经济和少量私人企业的存在是不可避免的"。这是在中央文件中第一次肯定了发展私营经济。到1988年,宪法修正案加了一条,允许私营经济存在发展。当然,个体经济的合法地位早在1982年《中华人民共和国宪法》当中就已经得到确认了。

按照马克思主义理论，分配关系是由生产关系决定的。上述生产关系的变化，必然带来分配关系的变化。因此，1987年党的十三大报告明确提出，"社会主义初级阶段的分配方式不可能是单一的。我们必须坚持的原则是，以按劳分配为主体，其他分配方式为补充""在共同富裕的目标下鼓励一部分人通过诚实劳动和合法经营先富起来"。"其他的分配方式"，十三大报告中列举了好几种，包括债券利息、股份分红、企业经营者部分风险补偿、企业主因雇佣带来的部分非劳动收入。这和以前就有了很大不同，既有"诚实劳动"带来的收入分配，又有"合法经营"带来的收入。

1997年，党的十五大报告提出，"坚持按劳分配为主体、多种分配方式并存的制度。把按劳分配和按生产要素分配结合起来""允许和鼓励一部分人通过诚实劳动和合法经营先富起来，允许和鼓励资本、技术等生产要素参与收益分配"。这个提法和十三大相比又有较大变化，主要存在两点不同。一点是"多种分配方式并存"，而不再是"其他分配方式为补充"。这是在此之前，1994年十四届三中全会第一次提出来的。另一点是"允许和鼓励资本、技术等生产要素参与收益分配"。我觉得，从一定意义上讲，经营收入、技术作为生产要素参与收益分配都可以看作是一种复杂劳动收入，应当包括在按劳分配的范围内。但资本收入作为一种财产性收入，情况就与劳动收入不一样了。由此，在收入分配中，形成了一个劳动与资本相互逐利的关系，近些年来呈现国民收入分配中劳动收入份额相对缩小、资本收入份额相对扩大的趋势。收入分配政策的变化大致就是这么一个过程。

(二)"效率优先,兼顾公平"口号的由来

从学理上说,公平与效率这一对概念,是一个矛盾统一体。常识告诉我们,收入分配越平均,人们的积极性越削弱,效率自然会低;适当拉开收入差距,只要分配程序、规则公正,就会有助于提高效率。从另一角度说,不提高效率,"蛋糕"就做不大,就难以实现更多的公平措施,解决社会增多的矛盾;但是,如果不讲公平,收入差距拉得过大,特别是分配程序、规则不公,也会导致效率的下降,甚至影响社会稳定。所以,收入分配差距过大和过小都不利于提高效率。处理好这两者的关系不容易,要辩证统一地考虑。

我国改革开放前,"大锅饭"的分配体制使效率大受影响。实行市场取向的改革后,逐渐讲求效率,拉开收入差距,"让一部分人先富起来",从农村到城市,经济活跃起来,非常见效。于是,经过十多年,就把"兼顾效率与公平"作为经验总结,写进了1992年党的十四大决议。据我所知,这是中央文件中第一次明确提到效率与公平兼顾的问题。在此之前,无论是中央文件,还是学术界,都没怎么谈这个问题。

1993年,从十四届三中全会开始,在效率与公平关系问题的提法上有一个新的变化,即把以前的"兼顾效率与公平",改为"效率优先,兼顾公平",使这两者的关系,由效率、公平处于同等重要地位,改为效率处于"优先"的第一位,公平虽然也很重要,但处于"兼顾"的次要地位。这两次会议的两个

"兼顾"意义很不相同。所以说,这是一个很重要的变化。"效率优先,兼顾公平"的提法,从十四届三中全会决议开始,一直到 2003 年十六届三中全会,每次中央重要会议的文件都这么提。所以,在相当长的时间里,它是我国在收入分配政策领域的正式精神。在党的十六大报告中,又补充了一句,提出"初次分配注重效率……再分配注重公平",这也是很重要的分配政策。

共产党向来主张社会公平和公正。为什么一个共产党领导的国家,在分配政策上要把公平与效率相比,并放在"兼顾"的次要地位呢?这与我国经济长期落后、难以迅速提高人民生活水平和解决众多社会矛盾有密切的关系;也与我国在 20 世纪 90 年代到 21 世纪初面临的国内外形势的深刻变化和发展趋势及其带来的巨大机遇与挑战有密切关系。这种情势迫使我们积极进取,尽一切努力增加我国的国民财富,增强综合实力。所以,邓小平在南方谈话中要求,"思想更解放一点,改革与开放的胆子更大一点,建设的步子更快一点,千万不可丧失时机",强调"发展是硬道理,是解决中国所有问题的关键"。这样就把增加国民财富总量和国家经济实力即"做大蛋糕"的问题突出地提了出来,效率成为第一位的问题。另一方面,制约我国提高效率的主要因素,当时仍然是过去计划经济时代遗留下来的平均主义的影响,比如奖金人人有份,奖励先进轮流坐庄,特别是脑体倒挂很严重,知识分子常常感叹"搞导弹的不如卖茶叶蛋的"。因此,为了更快提高效率,增加国民财富总量,就必须进一步"打破平均主义,合理拉开差距,坚持鼓励一部分地区一部分人通过诚实劳动和合法经营先富起来"。这句话也正是十四届三中全会文件中提出"效率优先,兼顾公平"时所作的说明。

因此,十四届三中全会关于效率与公平关系的新提法,把"做大蛋糕"放在经济工作的第一位,而把"分好蛋糕"放在第二位,这是适合我国当时实际情况和发展需要的,当时是完全正确的。在这一时期,中央文件中一再强调,"先富要带动和帮助后富""要注意防止两极分化",主观上并没有忽视社会公平的意思。

(三)淡出"效率优先,兼顾公平",突出社会公平

长时间以来,我研究宏观经济问题多一些,不大研究收入分配问题。但是,进入新世纪以后,收入差距问题日益显露,国际公认的公平分配指标基尼系数从改革开放之初的0.2~0.3,已提高到0.4国际警戒线以上,从而引起广泛关注。这时候,我开始思考,"效率优先,兼顾公平"是不是该淡出了?

我通过研究认为,"效率优先,兼顾公平"是我国一定时期收入分配的指导方针,而不是整个市场经济历史时期不变的法则。许多同志把这一方针视为市场经济不变的法则,这是与历史事实不符的,一些成熟的市场经济国家,就没有这个提法。现代资本主义国家为了缓和社会阶级矛盾,吸收了社会主义思潮,推行了社会保障、福利的措施。现代自由主义国家既强调效率,也不得不讲公平;现代福利主义国家很强调公平,但也讲效率。他们的效率和公平,都达到相当的水平。有的资本主义国家实施社会公平、福利的一些措施,实比我们这个社会主义国家还要完备

得多。当然这有历史发展的背景，不好简单地类比。

经过改革开放20多年的发展，经济总量发展、效率问题逐步得到相对的解决，"蛋糕"是逐渐做大了，而分好"蛋糕"即社会公平的问题已逐步上升为突出的问题。不能忘记，邓小平临终前就提出了中国"富裕起来以后财富怎样分配"这个"大问题"，他在1992年就对解决贫富差距问题作出前瞻性的论断。他曾设想，在20世纪末达到小康水平的时候，就要突出地提出和解决这个问题。

基于上述考虑，2003年，我写了一篇题为《研究宏观经济形势要关注收入分配问题》的文章，提出"逐步淡出效率优先，兼顾公平的口号，向实行效率与公平并重的原则过渡"的意见，并将这一意见在党的十六届三中全会文件起草时提出（当时我是起草组成员之一）。

当时我认为，我国基尼系数尚处于"倒U形"曲线的上升阶段，收入差距客观上还有继续扩大的趋势，一时掉不下来，邓小平的预言可能乐观了一点；看来要到2010年人均收入达到1500美元左右，基尼系数才有可能倒转下降，那时才有可能开始突出解决这一问题，实现"效率优先，兼顾公平"向"效率与公平并重"或"效率与公平优化结合"的过渡。因此，当前应该逐步淡出"效率优先，兼顾公平"，增加公平的分量，降低基尼系数增高的速度、幅度。

应该讲，我的主张是非常缓和的，不像有些同志提出的马上采取措施把基尼系数强行降下来，比如降到0.3，很好啊！但做不到。即便如此，在十六届三中全会时，大家的认识还不一致，没有接受我的意见，还是坚持将"效率优先，兼顾公平"的字样写进了报告。

这次会议之后，我没有停止对收入分配问题的思考。学术界也有一些同志针对我的意见，提出批评。比如有人认为，不能把突出解决贫富差距和改变效率公平关系推迟到2010年以后，因为"中国人对贫富差距的承受能力已达到极限，目前改变适当其时"。也有人发表文章指出，10年前就已经有人惊呼我国收入差距过大，这不符合我国发展的实际。中国作为发展中国家，在建立市场经济体制过程中基尼系数上升是自然现象，真正解决需要长期等待，现在不要去管。

经过反复考虑，我的观点有所改变。收入差距扩大是否达到承受极限的问题，同校正效率公平的关系、进一步重视社会公平问题，不是同一层次的问题。收入差距扩大到承受极限，很可能与达到两极分化相联系。我国那时还不能说已经达到两极分化，也不能说达到承受极限。但基尼系数客观上还处在上升阶段，如不采取措施，则有迅速向两极分化和承受极限接近的危险。所以，我们必须从现时起进一步重视社会公平问题，调整效率与公平关系，加大社会公平的分量。第一步可以逐步减少收入差距扩大的幅度，以后再逐步降低基尼系数的绝对值。所以"效率优先，兼顾公平"的口号现在就可以淡出，逐渐向"公平与效率并重"或"公平与效率优化结合"过渡。

为什么现在就应加大社会公平的分量，进一步重视社会公平问题呢？

经过20多年的改革与发展，我国经济总量、国家综合经济实力大大增强。已完成GDP第一个翻番和第二个翻番，正处在进行第三个翻番阶段，并已有一定的物质基础和能力来逐步解决多年来累积形成的贫富差距。也就是说，突出提出和解决邓小平提出的解决收入分配问题的时机条件，已基本成熟。

收入差距扩大迅速，已成为影响社会和谐与稳定的重大问题。20多年来基尼系数几乎倍增，速度之快，举世无双。基尼系数超过资本主义发达国家如英、美、法（基尼系数0.3～0.4）和资本主义福利国家如挪威、瑞典（基尼系数0.2～0.3）。国内外一些机构和专家指出，我国基尼系数已经超过国际警戒线。不管这些论断是否符合我国情况，都应引起警惕。尤其需要注意的是，已公布的基尼系数，难以计入引发人们不满的不合理、非规范、非法的非正常收入。如果把这些因素计算在内，基尼系数则又会加大，在原来的0.4～0.5之间又升高0.1左右，即比现在公布的基尼系数增大20%以上。社会不公平造成许多矛盾紧张与社会不和谐现象，潜伏隐患，说不定什么时候就会爆发。

我国改革之初，各阶层人民受改革之惠，生活改善，没有分化出明显的利益集团，普遍积极支持改革。但20世纪90年代以后，不同利益人群逐渐形成，有的在改革中受益较大，有的受益较小，有的甚至受损，对改革支持的积极性也有所变化。各阶层居民对改革都有自己的诉求。比如，得益较多的利益集团中有人说：改革必须付出代价，必须牺牲一代人，这一代人就是几千万老工人。同时，也就有另一种对应的声音说：为什么就是我们，不是你们。对立的情绪由此可见。为了使改革获得更广泛的支持，我们今后要长期强调有利于社会和谐与稳定的社会公正和公平。

导致收入差距迅速拉大、社会分配问题丛生的因素十分复杂。广大干部经验不足，一部分干部过于强调"效率优先"，把公平放在兼顾从属地位，这是重要原因之一。"效率优先"不是不可以讲，但应放到发展生产的领域去讲，而不是放在收入分配领域。我党转变发展方式的重要方针要求把质量、效益、效率作为经济发展的最主要因素，而把投入、数量和速度放在适当重要地位。

我还考虑，初次分配里不仅仅是一个效率的问题，同样也有公平的问题。资本与劳动的收入比例关系就是在初次分配里面形成的，垄断企业和非垄断企业的收入差距也是初次分配的问题，企业的高管与一般劳动者收入悬殊仍是初次分配的问题。还有许多说不清道不明的不合理、不合法、不规范的黑色收入和灰色收入，难道就不是初次分配中产生的？因此，收入差距问题必须要从源头、初次分配环节着手解决，光靠财税等再分配杠杆来调节，这在中国是远远不够的，是解决不了分配不公问题的。

至于有人提出，现在这样强调社会公平，会不会回到传统体制固有的平均主义的忧虑，我倒是不担心。我国改革发展到现在这一步，很少有人想回到"大锅饭"的旧体制。引发不满的是体制外的灰色收入、法制外的黑色收入，以及体制内由于法律不健全、政策不完善造成的非规范的过高收入。人们希望的无非是调整和纠正这些不公平现象，并改进运用再分配杠杆适当调节贫富差距，而绝不是想触动那些合理合法的高收入。在目前实际生活中，平均主义的残余已限制在一些国有机构、产业部门中越来越少的部分，而且国有部门之间也出现了相当大的收入鸿沟。残余的平均主义要继续清理，但目前矛盾的主要方面已在分配天平的另一端，需要适当地校正。

我倒有另一种忧虑。在我国现有法治环境和人治环境下建立的市场经济，如果忽视共同富裕的方向，建立起来的市场经济必然是人们所称的坏的市场经济、权贵市场经济、两极分化的市场经济。按照邓小平的提法，改革就失败了。我们要避免这种情况，也一定能够避免这种情况，那就只有一个办法，要更加重视社会公平的问题。

基于上述考虑，2005年，我发表了《进一步重视社会公平问题》一文，后来又写了一篇短文《把效率优先放到该讲的地方去讲》，提出"效率优先，兼顾公平"要淡出，把公平置于"兼顾"的次要地位存在不妥之处，初次分配也要注重公平。

我的文章发表以后，社会反响比较强烈。很多同志发表意见。多数同志还是赞成我的看法的。但是，也有同志很激烈地反对，批评我的主张是民粹主义，效率仍应放在第一位，社会公平放在兼顾地位。对这种批评意见，我的看法很简单，照他说的搞下去，中国的改革就要走向权贵资本主义的道路，就要失败了。当然，这是我个人的看法，可以讨论。

2005年以后，我年纪大了，参加的社会活动少了，中央文件起草工作也没再参加。我把文章的原稿呈送给了中央。中央主要负责同志很重视，批给了十六届五中全会文件起草组。十六届五中全会文件最终定稿时，突出了"更加重视社会公平"的鲜明主张。据我所知，这是中央文件中第一次明确提"更加重视社会公平"的观点，毫无疑问，这符合改革的大趋势和人心所向，也有利于调动大多数人的改革积极性，无疑是我们收入分配理论和政策领域的一个重大进步。

关于这场改革性质大讨论的一些是非曲直及亲身经历

（一）这次争论的要害在什么地方？①

近期以来，对于中国改革问题的讨论日趋热烈，有人说这是改革开放以来的第三次大讨论。前两次讨论是什么时候，说法也不一样。且不论怎么划分三次讨论，单就这一次来说，争论激烈的程度不亚于前两次。这次有一个奇怪的现象，就是争论的一方的意见，可以在主流媒体上发表，而另一方的意见在

---

① 原题为《改革的正确方向是什么不是什么》，载刘国光著《社会主义市场经济理论问题》（学部委员专题文集），中国社会科学出版社，2013，第89～103页。

主流媒体上基本看不到,倒是在互联网上广为流传。目前还有一个现象,就是争论的一方一边抛出自己的论点主张攻击对方,一边又拼命地叫不争论,就是不准别人争论、别人回应;而争论的另一方却不买这个账,说真理不怕争论。实际上前一方是想只让自己讲话,而不让人家讲话。

关于这次大争论的性质,大家的认识也存在严重分歧。有些人说,这次争论是反对改革同坚持改革不动摇的争论。这种说法遭到驳斥。你不能把那么多反思改革的群众、学者,推到"反改革"的阵营中去,并把他们说成是"一股反对改革,否定改革的浪潮"。这不符合中央领导同志当时讲的要"使改革真正得到广大人民群众拥护和支持"的精神。

那么,这次争论的实质是什么呢?许多群众、学者都认为,这次争论的核心问题不是坚持不坚持改革的问题,而是坚持什么样的改革方向的问题,是坚持邓小平开创的社会主义自我完善的改革方向,还是假借"拥护改革开放的旗帜,把中国引到搞资本主义"的改革方向?是坚持社会主义基本经济制度,即公有制为主体,多种所有制共同发展的改革方向,还是采取资本主义私有化的改革方向?是坚持社会主义市场经济为目标,还是以资本主义市场经济为目标或名曰"市场化改革"的改革方向?

"又是姓资姓社的争论""又是意识形态的争论"。但这是回避不了的,想回避是天真的。人家用资产阶级的意识形态来攻你,又用"非意识形态化"来麻痹你,叫你回避社会主义的意识形态，可以吗？在关系国家、人民命运的大问题上，提倡"非意识形态化""非政治化"，只能骗骗没有马克思主义常识的人。

为什么争论的一方要把另一方说成反对改革、否定改革而把自己打扮成"坚持改革"的角色？这样做是为了掩盖把中国导向完全私有化、完全市场化和两极分化的意图。如最近新"西山会议"一些人讲的"不好明说""说不得""亮不出来"，只能"遮遮掩掩""躲躲闪闪""畏畏缩缩"地说出来。

有人问我，为什么现在出现这么多反思改革之人，是不是因为改革搞不下去了？我说不是，改革还是一往无前地在进行，但是受到了一些干扰，出了一些问题。有一位受人尊敬的官员说，现在改革中出现这样那样的问题，不是改革方向出了问题，所有问题都与改革方向无关。这些话也对也不对，总体上党中央是坚持改革的社会主义方向的。但具体地讲，改革方向在许多重要方面受到干扰，如在所有制问题上，公有制为主体问题受到干扰；在分配问题上，社会公平问题受到干扰，等等。中央提出科学发展观与建设和谐社会的方针，力求排除这些干扰，但是还没有完全排除过来。这种对改革的正确方向即社会主义方向的干扰，是客观存在的，群众和学者对此进行反思，提出改进的建议，实属正常，完全必要，不能动不动就说这是反对改革。

再说 20 世纪 90 年代以来，随着改革过程的深化和复杂化，中国社会利益关系格局起了变化。一部分人群的收入、生活水平和社会地位相对下降或者绝对下降,这部分人群对导致他们利益受损、引发贫富差距过分扩大的社会现象不满,对背离社会主义方向的现象不满,希望这种现象得到遏制,他们并不是反对改革本身。这部分人群包括弱势贫困群体,他们多是工农群众,不能把他们推向反改革的阵营,即使他们当中有一些过激情绪和片面言论,他们也是我们教育帮助的对象,要团结他们一致拥护和支持改革。怎么能够把他们划到"反市场改革"的联盟中去,如同我们一位尊敬的著名经济学家所讲的那样,这实在是一种不负责任的信口开河。

有人问,一些人认为改革过程出现诸多问题,是因为"市场化改革"不够,要加大"市场化改革"的力度,你对"市场化改革"的提法怎么看?

一些人把中国改革称为"市场化改革",如果"市场化"是作为改革的"简称",这勉强可以接受,但要注意这种提法有很大的毛病。如果不是作为简称,而是把它作为中国改革的全称,把中国改革定义为"市场化改革",那是绝对错误的。

我们改革的目标,是邓小平说的社会主义制度的自我完善,包括建立社会主义市场经济体制。中国的改革,包括政治改革、经济改革、社会改革、文化改革、政府改革等,不能都叫作"市场化改革",而是社会主义制度在各领域的自我完善。国家机构改革,也要按照适应建立社会主义市场经济的要求来进行,而不能按"市场化改革"的原则来进行。就是在经济领域,也不完全是"市场化改革",而是"建立社会主义市场经济体制",

是在国家宏观调控下让市场起资源配置的基础性作用,并不是简单的"市场化改革"所能概括的。这里在"市场经济"的前面,有一个"前置词",还有一个"前提条件"。"前置词"是"社会主义","前提条件"是"在国家宏观调控下"。这是党的十四届三中全会文件中白纸黑字定下来的,不是一句空话,有它的实质内容。

先说"社会主义"前置词。有些人鼓吹"市场化改革"的口号时,故意不提这个前置词——"社会主义"。有些人为了打扮自己,掩盖真实面貌,假装提一下"社会主义",但把"社会主义"置于可有可无的地位,或给予任意歪曲的解释。我认为"社会主义"不能当成一句空话,而应有明确的内涵。邓小平说过,社会主义有两条根本原则,第一条是公有制为主体,多种经济共同发展;第二条是共同富裕,不搞两极分化。一些人在鼓吹"市场化改革"道路的时候,故意把这两条去掉,抽掉,扼杀掉。特别是最根本的涉及社会主义基本经济制度即所有制的一条——"公有制为主体",故意根本不提,倒是民营经济(即私有经济)已经成为"国民经济的基础"或"主体"的字样,越来越充斥于某些媒体、某些会议。这大概就是"深化市场化改革"的真实含义(私营经济是要在公有制经济为主体的前提下与公有制共同发展的,但中央没有"民营为主体"一说)。

还有一个"前提条件"——"在国家宏观调控下"。之所以要这一条,就是因为市场经济虽然在资源配置上有重要的作用,特别是在竞争性的资源配置上有很大的优越性,但市场经济在宏观经济综合平衡、竞争垄断的关系、资源和环境保护、社会分配公平上,以及在其他方面,也有很多的缺陷和不足(关于市场经济的优点和缺点,我过去讲过多次,教科书上也不乏叙述,就不再重复了。"市场化改革派"只睁眼看到市场经济好的一面,却闭眼不看市场经济不好的一面,我也不去说了),不能不要国家的干预、管理、宏观调控来加以纠正、约束和补充,所谓用"看得见的手"补充"看不见的手"。特别是加上我国还是一个社会主义国家,社会主义国家的性质,社会主义公有制经济为主体的地位,以及社会主义社会实行统一计划的客观可能性与集中资源力量办大事的优越性等,决定了我们更要加强国家的宏观调控和政府调节。市场在资源配置中起基础性作用,是在国家宏观调控的前提下起这个作用的;而且在资源配置中起基础性作用,也不是一切资源都完全由市场来配置,有些关键性资源还要国家来配置,这也是很明白的。总之,我们要尊重市场,但却不可迷信市场。我们也不要迷信计划,但也不能把计划这个同样是人类发明的调节手段,弃而不用。在"市场化改革"的口号下迷信市场成风,计划大有成为禁区的势态下,强调一下社会主义市场经济也要加强国家对经济干预管理和计划调节的作用,怎么就会成为"想回到计划经济旧体制"呢?"市场化改革"鼓吹者硬要给人戴这一顶帽子,想堵人家开口,恐怕不能成功。

我再补充谈点,国家的宏观调控主要包括这几项:计划调控、财税调控、金融调控等内容,最近在我国还加上"土地调控",其实"土地调控"也属于计划调控。这些调控都应是自觉性的、集中决策的事先调节，都是有计划性的。这与市场调节不同，市场调节是自发性的，分散决策的事后调节，这种盲目的滞后调节所带来的种种消极后果，必须要用自觉的、集中决策的、事先的宏观调控和计划调节来校正，要由政府行为来校正。所以邓小平说计划和市场都是手段，资本主义和社会主义都可以用。为什么社会主义市场经济就不能用自觉的、集中决策的、事先的计划手段，来校正市场经济的种种缺陷和不足呢？有人想把经济生活的一切交给市场去管，都"市场化"，把社会生活、文化生活、国家政治生活也都推向"市场化"，把计划排除在社会主义市场经济之外，排除在经济社会一切领域之外，把它视为禁区，加以摒弃，我说这不是迷信市场的幼稚，而是别有用心。

当然，过去早已指出，社会主义市场经济下的计划调节，主要不是指令性计划，而是指导性、战略性计划。"十一五"计划改叫规划，但规划也是计划，是指导性、战略性的计划。市场经济下计划的指导性和战略性，过去早已明确讲过。现在"计划"改"规划"，一字之差就大加炒作，真是"市场化改革"过程中的产物和笑话。还要指出，社会主义市场经济下的计划，虽然主要是指导性、战略性计划，但它必须有导向的作用，有指导的作用。如果不去导向、不去指导，放在那里做摆设，我国每五年花那么大力气编制讨论、审查通过五年计划，还有什么意义！所以一定要强调计划、规划的导向作用和指导作用。这样的计划，除了政策导向的规定外，还要有必要的指标、项目和必须完成的指令性任务，如中长期规划中的巨大工程的规划、尖端科技突破的规划、环境治理规划等；短期计划里的反周期的投资计划，熨平周期的各种调控措施（很多财政税收、金融货币等政策措施属此类）都必须带有指令性或约束性。所以，指令性计划也不能完全排除。现在计划工作中有把计划、规划写成一本政策汇编的苗头，很少规定必须完成的和可以严格检查问责的指标和任务，很多东西可以执行可以不执行。这样的计划工作，有改进的必要。

总之，中国的社会主义自我完善的改革，以建立社会主义市场经济体制为目标的改革，绝对不是简单的"市场化改革"。查一查中央文件，查一查宪法党章，哪里说过我国要实行"市场化改革"？文件中讲到改革开放，总是同坚持四项基本原则联系起来的；在"市场经济"前面，总是加上"社会主义"的前置词；而且"社会主义"一词的内容，总是强调"公有制为主体"。而那些鼓吹市场化改革口号的人，几乎无一例外地都不提这些关键词。有些政府官员偶尔讲过"市场化改革"，我理解那是简称，不是全意。但这会误导改革方向，会为"市场化改革"的鼓吹者所利用。所以我认为，今后党政领导不要再受人蒙骗，不要再用这个提法。

（二）反思改革不等于反改革[①]

问：作为当代中国最有影响的经济学家之一，您在今年3

[①] 该部分文字转引自《反思改革不等于反改革》，载《经济观察报》2005年12月12日。收录时个别文字有修改。

月刚刚荣获首届中国经济学奖"杰出贡献奖"。像您这样的权威经济学家的文章(《谈经济学教学研究中的一些问题》),为什么要借助互联网传播?

答:这个谈话的来历,是今年7月教育部社会科学研究中心的一位年轻同志到我这儿来聊天,一聊就聊出八九个问题,他记下来并整理了出来,还是一个初稿。他们自己有简报,马上就发了。上报中央的同时,他也发到网上去了,有好几个网站,我事先并不知道。说实在话,我还不是很熟悉网络,也不知道网络的作用有多大。但是传播以后并不违反我的意思,我也不反对。

问:经过网上流传,这篇文章引起了巨大的反响。

答:我谈的这些意见,应该说有相当多的人还是很赞成的,很多地方都是晚上电话议论,开会研讨。至于网上的流传,我说我不反对,同时我也没有寄托于那个东西。但是引起的波澜之大,我也没想到。这完全不是个人的能耐,而是问题牵动人心。

问:您在文章中涉及一些具体的人和事,比如说,您批评一些经济学家"公然主张西方经济学应该作为我国的主流经济学"。

答:这篇文章后来公开在《高校理论战线》第九期和《经济研究》第十期发表,删改了,缓和了一些,但还是得罪了很多人。这些人大都是我的学术界朋友。我也不是有意要得罪这些人。我是在讲一些事实,我引用的人与事,都是有根有据的,至于引用的合适不合适,是个人判断,但事实就是这样的。确实有这些事情。不过，我很欣赏和尊重作为学者的他们。我们只是观点有些交叉，这没有关系。

问：您在1979年就深入论证过计划与市场的关系，在1992年十四大前就明确提出用市场方式取代行政计划作为配置资源的主要方式，但是您今年中国经济学奖的《答辞》出来后，一些人不明白，一位对社会主义市场经济理论有着深刻认识的经济学家，为什么对市场化改革提出了如此尖锐的批评？

答：计划与市场的关系问题，是一个世纪性的问题，我曾作过多次论述，我在《答辞》中不过是重复过去的观点。我说了"要坚持市场取向的改革"，又说了市场也有缺陷，不能迷信市场。对于计划经济的弊病和市场经济的好处，我过去讲的好像不比谁少。但是，当然，话还要说回来，人的思想是发展的，我不敢像有些人那样相信自己一贯正确，任何人都不可能一贯正确。过去，在感受了计划经济的种种问题之后，我们慢慢地就要搞市场经济。计划经济不能解决效率和激励问题。市场经济作为资源配置的主要方式，是历史的必由之路。改革开放初期，我只意识到计划经济有毛病，觉得要搞市场调节。但那时是主张计划经济为主，市场调节为辅。以后经过对中外经验的反复思考和研究，逐渐地看到了市场经济的作用，形成了市场取向改革的信念，赞成建立"社会主义市场经济体制"。这差不多是20世纪80年代后期90年代初期的事情了。这说明我这个人不很聪明，思想发展很慢，但我觉得这是符合思想发展的客观规律的。我在坚定市场取向改革信念的同时，就提出不要迷信市场。我们应当重视价值规律，但不要认为价值规律本身就能把一切事情管好，并把一切事情交给市场去管。现在我还是这样想，不过是重复过去的观点，没有新鲜的东西，老一辈的人应该都知道的。

问：这就如同有人所说，您坚持认为计划经济并没有完全过时。是不是这样？

答：从我上面讲的经过，你可以判断我有没有这个意思。既然坚定了市场取向的改革信念，既然赞成建立社会主义市场经济体制，那就是说要把市场作为资源配置的基础方式和主要手段，那就是把社会主义市场经济作为一种新的经济制度来看待。那么"计划经济"作为一种经济制度，计划作为资源配置的基础方式和主要手段，就不能再起作用了。至少在社会主义整个初级阶段，都不能起作用，那是再明显不过的道理。

不过，作为经济制度的"计划经济"，与市场经济制度前提下的"计划调节"（这里说的是广义计划，也包括战略性指导性计划，必要的政府对经济的管理和调控，等等），不能混为一谈。我在《答辞》中说，要在"坚持市场取向改革的同时，必须有政府的有效调控干预，（对市场的缺陷）加以纠正，有必要的计划协调予以指导"，就是这个意思。这里面哪有作为制度的"计划经济"并没有过时的意思呢？

我在提出用市场经济代替计划经济作为资源配置的主要方式的时候，就讲了市场缺陷的问题。我列举了市场经济下不能完全交给价值规律或市场去管而必须由政府过问的事情。

我想，至少有这么几件事情是不能交给价值规律去管的。第一件事是经济总量的平衡——总需求、总供给的调控。如果这事完全让价值规律自发去调节，其结果只能是来回地周期震荡和频繁的经济危机。第二件事是大的结构调整问题，包括农业、工业、重工业、轻工业，第一、二、三产业，消费与积累，加工工业与基础工业等大的结构调整方面。我们希望在短时期内如 10 年、20 年、30 年，以比较少的代价来实现我国产业结构的合理化、现代化、高度化。通过市场自发配置人力、物力、资源不是不能实现结构调整，但这将是一个非常缓慢的过程，要经过多次大的反复、危机，要付出很大的代价才能实现。我们是经不起这么长时间拖延的，也花不起沉重的代价。比如一些影响比例关系的重大工程规划必须由政府来做，反周期的重大投资活动要由政府规划，等等。第三件事是公平竞争问题。认为市场能够保证公平竞争，是一个神话，即使是自由资本主义时期也不可能保证公平竞争，因为市场的规律是大鱼吃小鱼，必然走向垄断，即不公平竞争。所以，现在一些资本主义国家也在制定反垄断法、保护公平竞争法等。第四件事是有关生态平衡、环境保护以及"外部不经济"问题。所谓"外部不经济"，就是从企业内看是有利的，但在企业外看却破坏了生态平衡、资源等，造成水污染、空气污染等外部不经济。这种短期行为危害社会利益甚至人类的生存。对这些问题，市场机制是无能力解决的。第五件事，社会公平问题。市场不可能实现真正的社会公平，市场只能实现等价交换，只能是等价交换意义上的平等精神，这有利于促进效率，促进进步。但市场作用必然带来社会两极分化、贫富悬殊。在我们引进市场机制过程中，这些苗头已经越来越明显，有一些不合理的现象，引起了社会不安，影响了一些群体的积极性。对此，政府应该采取一些措施，防止这种现象的恶性发展。现在提出构建和谐社会，政府对市场缺陷的弥补作用，更不能少。

这些意见，后来我发现西方经济学文献中也有类似的阐述，所以我说的也不完全是新鲜的东西。

问：这也是您近年来一直在强调的观点。我们知道，中共十一届三中全会以后，陈云同志曾把计划与市场的关系比喻为"笼子"和"鸟"的关系。您是认为，在市场经济条件下，这个"笼子"还有必要？

答：陈云同志讲得很生动。好像"笼子"这个词不好听，但要看到"笼子"的作用。国家财政预算把国家的收支大体框住了，是不是"笼子"？货币信贷总量调控把国民经济活动范围大体框住了，是不是"笼子"？重大的工程规划，是不是"笼子"？等等。当然，这个"笼子"可大可小，可刚可柔，可用不同材料如钢材或塑料薄膜等制成，如指令性计划是刚性的，指导性计划是弹性的。总之，实行市场取向改革的时候，实行社会主义市场经济的时候，不能忽视必要的"笼子"即政府管理和计划协调的作用。现在，"十一五"计划不说计划了，改称"规划"，但"规划"也是一种计划，只不过是长远计划，是战略性的计划和指导性的计划，不再是指令性的计划。它应该起导向作用，其中如重大工程项目的规划也有指令性的。必要的指令性计划也不能排除。所谓市场取向的改革本身就包含着计划体制和政府经济管理体制的改革，计划要适应市场经济的发展，加强有效的政府管理。

我认为，完全的、纯粹的市场经济不是我们改革的方向。所谓完全的、纯粹的市场经济在西方资本主义国家也在发生着变化，通过政府的政策或计划的干预使市场经济不那么完全，不像19世纪那么典型。有些人提出完全市场化的主张，这是一种幼稚的想法。过去，我们迷信计划，犯了错误，于是实行市场取向的改革，但我们同样不能过分迷信市场，要重视国家计划协调、宏观管理与必要的政府参与和干预的作用。如果不这样的话，我们就要走弯路了。

问：但是，对于当前改革中出现的一些不合理现象，经济学界与思想界一直有不同的认识。比如关于腐败的根源问题，有学者认为，恰恰是政府对资源的配置权力过大和对微观经济活动的干预权力过大，才为"权贵"阶层提供了获得腐败寻租利益的必要条件与土壤，才有了权力市场化、权力资本化的恶果，如果市场经济更纯粹，行政计划就会消灭得更彻底，那么"权贵"们在市场运行过程中捞取私人利益的机会必定大大减少。这种看法是不是有道理？

答：这个问题很重要也很复杂，要分几个层次来讲。

第一，你说问题出在政府对资源配置权力"过大"。当然，政府权力"过大"特别是行政性资源配置权力过大是不适宜的，会带来政府职能的越位，管了不该由政府管而应该由市场去管的事情。不过，政府掌握资源配置权力"过小"，参与和干预经济活动"过少"，也未必适宜，这会导致政府职能不到位，该由政府来管的事情，它却推卸责任不管。政府作为经济活动的三位当事人（政府、企业、个人或家庭）之一和公众利益的代表，不能不掌握相当部分的社会资源，参与资源配置的活动，但其参与要适度，要尽量按照市场原则，同时必须考虑公共利益原则来做，这是没有疑义的。

第二，腐败的发生与政府掌握资源配置权力的大小没有直接关系。掌握资源配置权力大或者小，都可能发生腐败。只要法律制度和民主监督不健全，管不住政府官员的行为，就可能发生腐败。政府掌握资源配置权力大或者小，只影响腐败规模的大小，不是产生腐败的原因。根治腐败，要从健全法律制度、民主监督入手，进行政治体制的改革，这才是治本之道。

第三，腐败和权力资本化、权力市场化，除了源于法治不健全、民主监督欠缺外，市场环境不能不说是一个温床。这里我要解释一下，腐败和权力资本化、权力市场化，不是计划经济固有的东西，而是在市场改革以后才盛行起来的。过去计划经济并没有权力资本化、权力市场化这个东西。我不是替计划经济"涂脂抹粉"。过去计划经济有很多的弊病，搞得太死了，不能调动人的积极性，有官僚主义，有权力的滥用，也有腐败，但是当时政府掌握资源配置的权力极大，比现在大得多，而腐败的规模很小，只存在于计划经济的某些裂缝和边缘,更没有权力资本化市场化问题。权力资本化市场化问题,是到现在才严重起来的。很难说这跟现在的市场环境没有关系。因为有市场才有资本,才有权力的资本化、市场化,没有市场,怎么搞权力的资本化、市场化?用市场发展不完善、改革不到位来解释是可以的,但是有点不够,有点勉强,倒是用市场缺陷和市场扭曲来解释更为合理一些。而市场扭曲和市场缺陷,是市场化改革过程所不可避免的,我们要尽量减少引进市场的代价,所以要强调政府来过问,要发挥社会主义国家管理经济的作用,采取措施校正市场扭曲,弥补市场缺陷。

第四,政府对经济的调控、干预、计划与规划(这些都属于广义的计划),同某些官员滥用权力搞权钱交易、搞官商勾结、搞权力资本化市场化,这是两码事,不能混为一谈,不能胡子眉毛一把抓,借口政府对资源配置权力的过大为权贵阶层提供了获得腐败寻租利益的条件,来否定国家和政府配置资源的权力与管理经济的职能(广义的计划)。前面说过,治理腐败和权力资本化、市场化要从逐步建立健全民主法治环境,从政治改革着手,现在还要加上,要从校正市场扭曲和纠正市场缺陷入手,这都少不了加强国家和政府管理或广义计划的作用。所以我在《答辞》中说,要"在坚持市场取向改革的同时,必须有政府的有效调控干预,(对市场的缺陷)加以纠正,有必要的计划协调予以指导"。据我所知,许多读者都非常明白并且赞同《答辞》中的观点,但是有些人硬要说我是回到计划经济,那只好由他们说吧。

问：您是说，您现在依然支持市场取向的改革，但有人也指出过，您最近一直在主张"少讲市场经济"，是这样的吗？

答："社会主义市场经济"是一个完整的概念，是一个有机统一体。我在《答辞》中说的是，这些年来，我们强调市场经济是不是相对多了一点，强调社会主义是不是相对少了一点；在谈到社会主义时，则强调它发展生产力的本质即生产效率方面相对多了一些，而强调共同富裕的本质也就是重视社会公平方面，相对少了一点。

请注意，我特别使用了"相对"这个词，是有精确的含义的。就是说，相对多不是绝对的多，相对少不是绝对的少。逻辑上不应混淆。

这些年社会主义也不是没讲，但是相对少了一点，因此在改革取得巨大成功、经济发展欣欣向荣、人民生活总体改善的同时，社会矛盾加深，贫富差距急剧扩大，向两极分化迈进，腐败和权力资本化迅速滋生，蔓延扩大。这种趋势是与社会主义自我完善的改革方向不相符的，不能让它发展下去。因此，现在要多讲一点社会主义，这符合我国的改革方向和老百姓的心理。当然，市场经济还不完善，也要多讲。只要符合社会主义方向，市场经济讲得越多越好。

我就是这个意思。我引起了很多读者的共鸣，得到了很多令我很感动的理解。我不知道，这为什么会触犯了我们的"改革人士"，说以后少讲市场经济"不行"。先生，我也说不行。

但你为什么要曲解我的原意呢?当然,我不能怪别人,只能怪自己,虽然注意了用词严密,但解释说明得不够,令人产生逻辑上的误会。幸亏人家给我"留有余地",没有刚刚给我颁了奖就否定我的观点,我真不知如何表达谢意才好。

问:您在《谈经济学教学研究中的一些问题》这篇文章中,批评了"西方主流经济思想特别是新自由主义经济理论",认为新自由主义经济理论误导了中国经济改革和发展的方向。有些人觉得您似乎是在主张从市场化改革的道路上退回来。

答:批评新自由主义就是"从市场化改革的道路上退回来"吗?批判新自由主义就是"否定改革"吗?帽子大得很咧!西方新自由主义里面有很多反映现代市场经济一般规律的东西,如以弗里德曼为代表的货币主义学派,以卢卡斯为代表的新古典学派,有许多科学的成分,我们还需要借鉴,没有人批评这个东西。但是新自由主义的理论前提与核心理论——我在那篇文章中列举了(如自私人性论、私有制永恒论、自由市场万能论等),整体上不适合于社会主义的中国,不能成为中国经济学的主流和中国经济发展与改革的主导。中国经济学教学和经济决策的指导思想,只能是与时俱进的、发展的马克思主义。我不知道这样点评新自由主义怎么就是从市场化改革倒退或者否定改革。我们经济学界许多同志批评新自由主义,大多是很认真很结实的学术研究、学术评论,不是一两句随便歪曲的话就能轻易推倒的,而是有分量的学术论证。西方正直的经济学人也在批评新自由主义。新自由主义经济思想给苏联、给拉丁美洲带来什么样的灾难性后果，是众所周知的。当然我们的同志批评新自由主义，不是没有政治的、意识形态的考虑，他们担心新自由主义的核心理论影响我国的经济思想和经济决策。谁也没有说过我们的改革决策是新自由主义设计的，目前它还没有这个能耐。但是担心和忧虑这种影响不是无的放矢，不是多余的。因为私有化、市场原教旨主义等，已经在中国社会经济生活中渗透和流行，并且在发展。在上述文章中我曾指出有些人不愿意别人批评新自由主义，说什么新自由主义是一个"筐"，什么都往里装。如果你赞成新自由主义的核心理论，那是你自己跳进框框，怪不得别人。现在有人自告奋勇承认自己接受新自由主义这些东西，又不准别人批评新自由主义，批评了就是从市场化改革倒退，就是反改革，哪有这个道理！

除了给批评新自由主义戴上否定改革的帽子，现在还时兴把这顶帽子乱扔，说近年来社会上出现了一种反对改革的思潮。不容否认，在取得巨大成功的同时，改革进程中出现了利益分化，少数人成为最富，有多数人获得一定利益，部分群众利益受到损害。人民群众和学术界对改革有不同的看法，对改革进程中某些不合理的、消极的东西提出批评意见，是很自然的，我们不要把不同的看法说成反改革。对改革进行反思是为了纠正改革进程中消极的东西，发扬积极的东西，将改革向正确的方向推进。不能把反思改革说成反改革，你把那么些群众和代表他们的学者,说成是反改革的人,硬往反改革的方面推,后果将是什么?我们要注意团结一切愿意和努力使中国进步的人,要使得大家都来拥护改革。让大家都拥护改革的办法是什么呢?就是要使得改革对大家有利,就要走社会主义市场经济的改革道路而不是资本主义市场经济的道路。

第三部　年谱长编

1923年

11月23日（阴历十月十六日） 出生于江苏省南京市下关宝塔桥。祖父原籍湖南湘潭绳背冲，清末由湘来宁。

1929年（6岁）

9月 入南京下关（老江口）小学学习。

1935年（12岁）

6月 毕业于下关小学。

9月 入江苏省立江宁中学初中部学习。

1937年（14岁）

9～10月 参加江宁中学抗日宣传队。在江宁县湖熟、板桥一带活动。

11月 日军进逼南京，父亲将刘国光从学校接回。刘国光随同母亲由水路逃难至长沙，得到在湖南大学任教的姨父程登科和干爹袁俊的照料。

11～12月 进长沙中学做旁听生。课余，常去长沙八角亭书店看书，开始接触进步书籍，读斯诺《红星照耀中国》（即《西行漫记》），印象很深。

年底随母亲由长沙转汉口与父亲会合。之后，母亲与父亲由香港、上海等地辗转回到南京。

1938年（15岁）

1月初　随继姨母杨惠贤（程登科之继妻）从汉口经三峡入川，到重庆。在重庆得到姨父程登科家人及母亲朋友张懿娟的照料。

1～4月　在重庆教育部江浙流亡学生登记处登记，等待分配。其间，与江宁中学同学徐嗣兴（路翎）、姚抡达（姚牧）等重聚，闲逛进步书店时，接触了哲学（艾思奇等人）、社会科学（张仲实等人）与经济学（沈志远等人）等方面的进步书籍，受到了马克思主义理论的启蒙教育。

5～7月　分配到国立四川中学初中部学习（初三年级下学期），初中部设在北碚区文星场。

7月　初中毕业。

8月底　转升入国立四川中学（后改为国立第二中学）高中部学习，高中部校址在合川县濮岩寺。

1938年9月至1941年6月　在国立二中高中部学习。对于文理两科皆有浓厚兴趣，学习成绩优秀。1940年接到父亲自沦陷区南京来函，希望刘国光考大学时选择工程专业，但刘国光逐渐倾向于社会科学。购买了郭大力、王亚南合译的《资本论》第一卷，并通读。

1941年（18岁）

6月　高中毕业。

7～8月　去重庆沙坪坝重庆大学，住姨父（体育专科学院教授）程登科家。

参加西南联大、中大、浙大、武大四个大学联合举办的招生考试，选择西南联合大学经济系为第一志愿。

8～9月　在重庆中一路堂兄刘正炎开的五金电料小商店中住宿并帮工。

9月底至10月初　高校招考发榜，被录取至西南联大经济系。经贵阳、安顺、曲靖等地到昆明西南联大报到。

1941年10月至1946年6月　在昆明西南联大经济系学习。其间，曾于1942年9月至1943年1月，到曲溪县立初中教书。

1946年（23岁）

5月　在赵乃抟教授的指导下，完成大学学士论文，写出以马克思地租理论为主轴的《地租理论纵览》；在徐毓楠教授的指导下，完成高级经济学课程《读书心得》（英文）。从西南联大毕业。

6月　由昆明经长沙、武汉，返回南京家中。遵徐毓楠教授建议，8月到上海报考清华大学研究生院。录取后，离南京，绕道上海、天津，由海路到北平走进清华园。

10～12月　在清华大学研究生院，与导师徐毓楠探讨学习研究现代西方经济学问题。后因家庭经济困难，经南开大学教务主任陈序经教授介绍，并征得徐毓楠教授同意，由北平清华大学转往天津南开大学，任经济系助教。

1946年12月至1948年7月　在南开经济研究所兼管资料

室工作。在经济研究所里,经常能听到平、津两地名教授的系列讲座。

1948年(25岁)

9月 经陈岱荪教授介绍,到南京"中央研究院"社会研究所任助理研究员。

9月25日 经倪永昌教授介绍,与小学教员刘国贤(静萍)结婚。

1949年(26岁)

4月 南京解放前后,参加了南京"中央研究院"员工进行的护院斗争。

11～12月 南京解放后,参加南京市手工业调查。作马寅初著作评论一篇,在《社会科学》发表,这是发表的第一篇经济学论文。

1950年(27岁)

由中国科学院派送到北京华北人民革命大学政治研究院培训学习。

1950年冬至1951年春 在南京市汤山区参加土地改革,工作地点在仙鹤乡。土改后,与冯华德合写《土地改革对解放生产力的重大意义》,在《光明日报》上发表。

1951年（28岁）

秋　经陈岱荪、南汉宸面试，被中国科学院派赴苏联留学。

1951年10月至1955年6月　在莫斯科国立经济学院研究生院攻读研究生。

1955年（32岁）

6月　完成副博士论文《论物资平衡在国民经济平衡中的作用》答辩，后被授予副博士学位。毕业后归国。

7月　由莫斯科回到北京，到中国科学院经济研究所工作，任研究所学术秘书。

1955～1957年　兼财金组代理组长，主要协助苏联专家毕尔曼对我国工业流动资金问题和货币流通问题进行调研。

1957（34岁）

1957年末至1958年初　国家统计局邀请苏联统计专家索波里来华作"国民经济平衡问题"系列讲座。统计局副局长孙冶方让刘国光担任讲座的编辑翻译组负责人。

1958年（35岁）

上半年　孙冶方到经济研究所任代理所长后，让杨坚白和刘国光、董辅礽筹组国民经济综合平衡研究组（即后来的宏观研究室），研究组下半年成立，杨坚白任组长，刘国光和董辅礽任副组长。

8～9月　经济研究所平衡组与国家统计局平衡处组团赴河南郑州、许昌、鲁山、开封等地对"大跃进"粮食丰收中，转消费为积累的问题进行调研，题目由孙冶方拟定。

12月　作为秘书与翻译，陪同经济研究所代理所长孙冶方与世界经济研究组组长勇龙桂赴捷克斯洛伐克，参加社会主义国家经济研究所学术协作会议。会后，访问参观布拉格与布拉迪斯拉发两个城市。

1959年（36岁）

1～2月　继续陪同孙冶方、勇龙桂到苏联进行学术访问，就理论经济学、世界经济学与数量经济学问题与苏联多位著名学者进行访谈。参观访问莫斯科、列宁格勒、基辅三城市。

2月底　返北京。2～3月为孙冶方整理访苏报告资料。

1960年（37岁）

2～9月　被下放农村，在河北省昌黎县中梁山和马铁庄两地劳动锻炼。

9月　回北京。

10～12月　孙冶方组织撰写《社会主义经济论》。作为试稿，抽调部分研究人员住中央党校集中精力写作。刘国光负责其中两章：一是《社会主义经济发展速度的决定因素》；二是《社会主义经济的波浪式发展》。孙冶方称《社会主义经济发展速度的决定因素》是书稿中质量最好的一章。

1961年（38岁）

2～5月 孙冶方召集经济研究所一批骨干研究人员到香山饭店，研究讨论《社会主义经济论编写提纲》。参加人员有孙冶方、刘国光、董辅礽、孙尚清、何建章、桂世镛、赵效民等。张闻天、骆耕漠、李立三等有时也来参加讨论。

8月 随同由杨坚白带领的平衡组研究人员赴辽宁，调查研究"大跃进"以来农轻重比例关系失调问题。

1961～1962年 加入中国共产党（预备期一年，按期转正）。

1962年（39岁）

1月 参加《国家十年计划工作》的编写工作，刘国光起草《积累与消费的关系》部分。

1961～1964年 对我国经济建设的经验教训进行理论反思，对社会主义再生产问题、经济发展速度与比例问题、积累与消费问题、固定资产再生产问题等进行探索研究，发表多篇有分量的文章，有人称这是刘国光的第一次学术"井喷"时期。

1964年（41岁）

10月 康生派出由70人组成的"四清工作队"进驻经济研究所，在所内开展以批判孙冶方、张闻天"反党集团"为内容的"社会主义教育运动"。刘国光、孙尚清、董辅礽等被划入孙冶方、张闻天反党集团的"一伙人",被审查。

1965年(42岁)

9月 经济研究所内的"社会主义教育运动"基本结束后,全所人员被派往京郊房山县周口店公社,参加农村"四清运动"。

1966年(43岁)

6月 调回经济所参加"文化大革命"。"文革"初期,被划为"黑帮",批判孙冶方、张闻天时陪斗,被下放到厨房劳动。

1967～1969年 中央落实干部政策,得到解放。

1969年(46岁)

11月 被下放到河南省信阳市息县东岳乡中国科学院哲学社会科学学部成立的"五七"干校。先在干校食堂、磨坊里劳动,后当养猪场场长。

1971年(48岁)

春 干校由息县迁往信阳明港,集中搞清查运动。

1973 年（50 岁）

4月　周总理下令学部从干校返回北京，继续搞清查运动。

1975 年（52 岁）

年初　国家计委经济研究所于光远所长从学部借调刘国光、董辅礽、孙尚清、桂世镛、何建章等人到该所工作。"四清""文革"期间中断了八年的经济研究工作逐步恢复。当时，主要是与计委综合局合作搞调研工作。

1976 年（53 岁）

夏　参加由国家计委副主任陈先率领的考察团，到华东数省市调研考察。

秋　参加由国家计委陈先率领的代表团，赴罗马尼亚考察经济管理问题。

1977 年（54 岁）

秋　参加由国家计委副主任袁宝华率领的考察团，到中南数省市调研考察。

1978 年（55 岁）

冬　参加由国家计委陈先率领的代表团，赴南斯拉夫考察计划与市场问题。

兼任《经济研究》副主编。

1979年（56岁）

4月　调回中国社会科学院经济研究所任副所长。

参加在无锡召开的社会主义商品经济和价值规律问题讨论会。会议由薛暮桥、孙冶方主持。刘国光向会议提交论文《论社会主义经济中计划与市场的关系》（与赵人伟合写）。中央领导同志在发表该文的中国社会科学院《未定稿》上批示："这是一篇研究新问题的文章，也是一篇标兵文章。在更多理论工作者还没有下最大决心，作最大努力转到这条轨迹上的时候，我们必须大力提高这种理论研究风气。"该文被中共中央党校、国家计委、社会科学院等的内部刊物全文转载了这篇文章。此文的改写本提交到1979年5月在奥地利召开的大西洋经济学年会，年会执行主席舒斯特（Helmut Shuster）给胡乔木电函称，该文受到年会的"热烈欢迎"，认为在"学术上有重要意义"，并决定将此文同诺贝尔奖得主英国经济学家詹姆斯·E.米德的论文一同全文发表于《大西洋经济评论》1979年12月号上。

11~12月　参加于光远率领的代表团赴匈牙利，考察经济体制改革问题，同行的团员还有苏绍智、黄海等。

1980年（57岁）

3月　参加经济研究所许涤新应香港经济导报社之邀请率领的代表团，到香港举行讲座，作题为"关于我国经济体制改革"的讲演。

4月　参加梅益应日本学士院邀请率领的代表团去日本访问，钱锺书等人参加。

10月　《经济研究》第11期发表《略论计划调节与市场调节的几个问题》。1983年9月23日《人民日报》发表《再论买方市场》一文，首次提出中国改革要解决短缺经济问题，逐步地向买方市场过渡的任务。

1981年（58岁）

5月　参加许涤新率领的代表团赴英国参观访问，在牛津大学作题为"关于中国经济体制改革的一些情况和问题"的讲演。

7月　在承德热河休假，并完成《关于马克思的生产劳动理论的几个问题》一文的写作。

1981～1982年　兼任国家统计局副局长。

1982年（59岁）

2～4月　受国务院派遣，与国家计委柳随年、郑力一起，赴苏联作经济调研。这是中苏交恶二十多年以来的首次学术访问。回国后撰写报告《苏联经济体制改革情况和问题》，上报国务院。

2月　被任命为中国社会科学院副院长，兼任经济研究所所长与《经济研究》杂志主编。

9月　被选为中国共产党第十二次全国代表大会代表，在十二大上被选为中央委员会候补委员。

9月6日 在《人民日报》上发表《坚持经济体制改革的基本方向》一文,提出减少指令性计划、扩大指导性计划的主张。受到《人民日报》评论员及《红旗》杂志的批判。以后事实的发展证明,此文观点正确。

10月 应云南省经委邀请赴昆明,在经济管理干部培训班介绍苏联近况。会后,到玉溪、曲溪、大理等地参访。

11月16～30日 应日本学士院邀请,率中国社会科学院代表团赴日本,先后访问了东京、大阪、名古屋、京都、福冈等城市。邢贲思、汪敬虞、叶水夫等人参加。

1983年(60岁)

6月19日 主持"孙冶方经济科学奖励基金委员会"成立大会。马洪任该委员会的主任委员。薛暮桥为评奖委员会主任委员,刘国光为副主任委员。

8月 在青岛休假,并完成《有中国特色的经济体制和经济发展战略》一文的写作。

9月6～23日 应澳大利亚社会科学院人文科学研究院邀请,率中国社会科学院代表团访问澳大利亚。参访堪培拉、悉尼、阿德莱德、布里斯班、墨尔本五个城市的十所大学,进行学术交流。

1984年（61岁）

3月14～26日　应世界银行经济发展研究所邀请，赴美国参加在华盛顿召开的"发展中的管理问题"学术讨论会。

5月　与国家计委陈先一起赴南京、苏州、上海等地考察经济问题；到南京大学经济系作题为"中国经济发展战略问题"的报告；到江宁县东山镇、汤山镇参访。

7月13日　会见世界银行亚洲太平洋地区总经济师奥·耶那尔，双方就世界银行与中国社会科学院合作研究问题交换意见。

9月　参加中共十二届三中全会，会议制定了关于经济体制改革的决定，确定中国社会主义经济为有计划的商品经济。

10月下半月　应美国国家经济研究所费尔德斯坦所长邀请，率中国社会科学院经济研究所代表团到美国波士顿、纽约、华盛顿进行学术访问。张卓元、乌家培、黄范章、沈立人等参加。

12月　《中国经济的发展战略问题》一文作为由刘国光主编的《中国经济发展战略问题研究》一书的代序，由上海人民出版社出版。

1985年（62岁）

3月5日　应深圳市委和市政府邀请，率中国社会科学院调研组赴深圳，进行深圳特区经济发展战略研究。

5月22日　出席孙冶方经济科学奖首届颁奖会，代表孙冶方经济科学奖励基金委员会和评奖委员会讲话。

9月　中国社会科学院与国家体改委联合组织的"宏观经济管理国际研讨会"在长江三峡"巴山轮"上召开。中方参加者有薛暮桥、马洪、廖季立、刘国光等，外方参加者有美国的托宾、林重庚，英国的康·克鲁斯，法国的阿尔帕特，日本的小林实，波兰的布鲁斯，匈牙利的科尔奈等。

11月4日　在《人民日报》上发表《试论我国经济的双重模式转换》，第一次从理论上提出经济体制模式与经济发展模式的双重转换问题。

1986年（63岁）

1月7日　率团到法国考察国有企业管理问题，于祖尧、张曙光同行。

5月7～25日　应邀访问澳大利亚阿德莱德大学和布里斯班大学，作题为"关于中国经济体制改革问题"的讲演。在悉尼参加"亚洲研究理论研讨会"并发言。

7月12～14日　到银川参加全国统计工作会议，其间，在宁夏回族自治区干部大会上作题为"关于社会主义商品经济问题"的讲演。

8月4日　应苏州市邀请，到该市向全市干部作题为"关于商品经济问题"的报告。

8月7日　在江苏省社会科学院作题为"双重模式转换"的讲演，在江苏省委党校作了同题讲演。

9月1日　参加芜湖市社会科学界人士座谈会。

9月3日　在合肥向安徽省干部作题为"关于社会主义商品经济问题"的报告。

9月22日　会见联合国开发计划署经济发展研究所所长舒曼·贝利，双方就有关协作问题交换意见。

10月7日　会见并宴请匈牙利科学院经济研究所所长奥洛达尔·希波什。

10月15日　在厦门大学参加王亚南纪念堂建成仪式。在厦门大学作关于经济问题的讲演。

12月10日　应深圳市委邀请赴深圳，11日在深圳市委作经济问题报告。

12月14～18日　抵达香港。15日在香港中文大学作题为"关于中国经济特区经济发展战略问题"的讲演。18日出席香港大学组织的"华人模式研讨会"，作题为"中国经济大变动中的双重模式转换"的讲演。

12月28日　参加深圳市委召开的特区经济问题座谈会。

12月30日　与许涤新等参加香港《经济导报》四十周年庆典。

1987年（64岁）

1月3日　应广东省经济学会之邀，在广州作题为"中国经济大变动中的双重模式转换"的讲演。

2～3月　应邀率中国社会科学院代表团一行6人赴波兰

和捷克斯洛伐克两国考察访问，同行者有李今早等。

5月　1986年度孙冶方经济科学奖颁奖大会在中华全国新闻工作者协会新闻大厅举行，刘国光出席并讲话。

7月　完成《关于我国经济体制改革的目标模式及模式转换的若干问题》一文（沈立人起草，刘国光定稿），该文作为"代序"发表于刘国光主编的《中国经济体制改革和模式研究》一书。

9月　应美国密执安大学邀请，赴该校作三次学术讲演。讲演题目分别是"中国经济体制改革的若干问题""中国所有制关系的改革""中国价格改革的若干问题"。21日在哈佛大学作题为"中国经济改革现状与问题"的讲演。26日在位于华盛顿的世界银行作题为"中国价格改革问题"的讲演。

10月　在中央国家机关第六届党员代表大会上，被选为中国共产党第十三次全国代表大会代表。在十三大上当选为中央委员会候补委员。

11月23日　国务院批准胡绳、刘国光等5人为国务院学位委员会委员。

12月22日　在北京怀柔。在李铁映主持的国家体改委"经济体制改革中期规划"研讨会上，作题为"稳中求进的改革思路"的讲演。讲演内容以《稳中求进的深化改革》专稿形式，发表在1988年3月8日的《人民日报》（海外版）上。

11月至1988年12月　应海南省建省筹备组许世杰邀请，率中国社会科学院调研组到海南进行经济发展战略调研。

12月5～11日　到云南昆明参加全国畜牧学会会议，并向云南省市党政干部作报告。会后，参访西双版纳。

1988年（65岁）

1月2～14日　到海南岛，沿中线、东线一路考察。向海南省筹建组汇报中国社会科学院调研组海南岛调研情况。

2月22日　会见以日本《朝日新闻》社编委会成员石川真澄为团长的《朝日新闻》采访团，与日本客人座谈中国社会主义初级阶段理论问题。

3月17日　参加中共十三届二中全会，作题为"正视通货膨胀问题"的发言。发言得到薛暮桥、戎子和等人的来信赞同。

4月27日至5月16日　应邀赴英国牛津大学圣安东尼学院访问，参加该校当代中国研究中心举办的"中苏改革比较国际研讨会"，作题为"谈谈中国经济学界对近期经济改革的不同思路"的发言。

5月25日　应邀出席美国福特基金会在北京饭店举行的驻京办事处成立庆祝会。

5月28日至6月6日　参加江苏省社会科学院座谈会。在南京大学讲课，并在南京大学中美文化交流中心讲话。应芜湖市委邀请，对该市党政干部讲演。

6月11日　会见来华访问的捷克斯洛伐克共和国科学院代表团，与该团就双方合作交流事宜进行会谈，并于18日签订合作协议。

7月29日至8月11日　应邀去哈尔滨,在黑龙江省社会科学院作报告。11日,对黑龙江省党政干部作报告。

8月9日　波兰科学院来函通知,5月27日在华沙召开的波兰科学院院士大会上,一致推选刘国光为波兰科学院外国院士。9月1日,波兰驻华大使兹·邓鲍夫斯基和波兰科学院副学术秘书霍瓦伊教授代表波兰政府、波兰科学院授予刘国光"波兰科学院院士"称号。

8月18～29日　应夏威夷大学之邀访问夏威夷大学经济系,参观珍珠港。

8月26日　在美国夏威夷大学作题为"关于中国经济改革问题"的讲演。

9月4～8日　参加上海"中美经济合作学术讨论会"。8日,参加上海社会科学院三十周年庆祝会,会上作讲演,并接受上海社会科学院"荣誉研究员"称号。

9月25～30日　参加中共十三届三中全会。

10月5日　在国家体改委、中国社会科学院、中宣部联合召开的全国经济理论研讨会上,作题为"中国经济改革理论十年回顾"的报告。

11月28日　会见苏联《新时代》杂志总编辑伊格耶捷科一行,就中苏经济体制改革有关问题交换意见。

11月30日　薛暮桥、刘国光、吴敬琏三人受邀在勤政殿谈经济形势和物价问题。

12月21～24日　到长沙,在全国生态经济学会年会上作报告，会后去韶山参观毛泽东故居。

1989年（66岁）

4月　应日本公明党邀请率团访日，朱绍文、王振中等随同，在东京参加中日经济研讨会，并参观访问名古屋、木曾川、新潟等地。

5月6日　出席1988年度孙冶方经济科学奖励基金会颁奖大会并讲话。

6月23日　参加中共十三届四中全会。

9月　主编的《中国经济体制改革的模式研究》一书获得中宣部和国家新闻出版署设立的第三届"中国图书奖"。

11月5～9日　参加中共十三届五中全会。

1990年（67岁）

2月5～26日　率中国社会科学院经济学家代表团赴苏联，参加中苏经济体制改革学术研讨会，并在会上作题为"中华人民共和国四十年经济发展"的讲演，参加会的还有李京文、张卓元、周叔莲、陈吉元等。

2月28日　参加在河南安阳召开的中国地区经济学会成立大会并致辞。参观殷墟和岳飞故居。

5月6～22日　以台湾中山大学教授魏萼为团长的台湾教授访问团一行9人应邀来大陆访问。7日，访问团与经济研究所、财贸研究所等7所有关人员举行座谈会，座谈会由刘国光主持。双方就如何密切两岸经贸关系、共同振兴民族经济等问题交换意见。

6月20日　会见联合国教科文组织社科部门发展研究处负责人,双方就人力资源调查等问题进行交流。

7月中旬　参加国务院三峡工程论证汇报会,入选三峡工程审查委员会委员,并在会上作题为"对三峡工程是否上马之我见"的发言。

7月20～29日　赴广州,27日在广州市经济研究所举办的"计划与市场讨论会"上讲演。

8月24～29日　赴烟台、威海,参加全国横向经济联系研讨会并讲演。

9月12日　应全国政协邀请,作题为"90年代中国经济"的报告。

9月14日　《学习陈云论著》一文在《人民日报》发表。

10月6～21日　应华盛顿城市管理研究所邀请,作为顾问随财贸所课题组,访问美国,考察土地开发与增长管理问题。

10月26日　上午,会见美国福特基金会驻京首席代表韩理思和前任首席代表盖思南,就中国社会科学院经济片由福特基金会资助的合作研究项目有关问题交换意见。晚间,会见英国牛津大学林至仁教授和奥索波教授,商讨派遣留学生、进修生等问题。

10月31日　到江西省抚州市,参加中国生态经济学会年会并致辞。

11月2～6日　参加全国工商管理局在杭州召开的工作会

议；被聘为浙江大学经济学院兼职教授。赴绍兴、兰亭、义乌等处参访。

11月19日上午　日本经济同友会中国委员会委员杉浦一行应邀来访，刘国光向访问团介绍了中国当时的经济形势及其展望。

11月20日　中国社会科学院数量经济与技术经济研究所召开"1990年经济形势分析与1991年经济发展预测"首次座谈会，刘国光作为课题组负责人到会并致辞。

11月30日至12月3日　赴上海嘉定市，参加企业管理研究成果评审会，在会上作关于经济形势的发言，汪道涵等到会。12月3日，参加在上海社会科学院召开的中美经济合作国际研讨会并致辞。

12月4日　向上海社会科学院各所级干部作经济形势讲话。上午，时任上海市市长的朱镕基前来看望。下午，在上海财经大学讲课，被聘为该校兼职教授。

12月5～8日　由上海转至南京。6日上午，在江苏审计学院讲课；下午，在南京大学中美经济学术活动中心进行座谈交流。7日，与江苏省社会科学院经济研究所和江苏省南京市经济部门人员座谈。8日上午，出席南京商学院经济发展管理研究中心开幕式，下午讲课。

1991年（68岁）

1月7日　会见英国威廉姆斯学院克拉克教授。

1月30日　会见世界银行中国局经济学家尤素福等人，双方就今后的合作研究广泛交换意见。

2月23日　出席江泽民、李鹏等中央领导同志在中南海怀仁堂举行的同中国社会科学院领导和部分专家学者的座谈会。

2月23日至3月3日　参加国务院三峡工程规划委员会组织的赴三峡及荆湖地区的实地考察。

3月15日　会见英国驻华使馆政务参赞寇大伟，介绍我国当前经济改革和经济形势。

3月26～30日　去西安，在国防科工委举办的研讨会上作题为"90年代中国经济发展"的讲演。

3月31日　会见英国哥拉斯格大学苏东所所长华莱士。

4月8日　在北京中山公园会见日本学士院院士隅谷三喜男夫妇一行，就中国社会科学院与其签订"中国社会科学院日本研究基金协议"一事进行了磋商。

4月11日　担任国务院发展研究中心学术委员会委员。

4月19日　参加国务院第80次常务会议。

5月4日　出席中国计划学会第二次全国会议，在会上作题为"计划经济与市场经济"的发言。

5月11日　应邀参加全国宣传干部"经济宣传研讨班"，并就我国90年代经济发展问题向与会人员作报告。

6月11日　出席孙冶方经济科学奖励基金会第四届颁奖会，并代表评奖委员会在会上讲话。

6月12～14日　应邀赴北戴河为劳动部举办的"全国大

中型企业厂长经理研讨班"作报告。

6月17日　会见美国洛杉矶市加州大学经济学教授哈罗德·德姆塞茨。双方就中国国有企业的自主权、国有企业与市场机制的关系等问题交换意见。

6月19日　会见罗马尼亚科学院秘书长康斯坦丁内斯库院士、布加勒斯特大学历史系教授和罗马尼亚科学院通讯院士斯特凡内斯库，介绍我国经济改革情况。

6月27～28日　参加国家统计局在北戴河召开的经济形势讨论会。

7月13～24日　应内蒙古自治区之邀，赴海拉尔参加那达慕大会；赴中俄边境地区考察；向呼伦贝尔盟党政干部作经济形势报告。

8月1日　参加国务院全体会议。

9月4～10日　赴兰州，参加中国社会科学院经济研究所与甘肃省体改委、兰州大学、甘肃省社会科学院联合召开的经济体制改革研讨会；对甘肃省党政干部作经济形势问题报告。7日、8日赴敦煌莫高窟参观。

9月21～28日　应联合国教科文组织总干事马约尔邀请赴巴黎参加"可持续发展国际研讨会"，于24日作大会发言。

10月10日　出席"1991年中国经济形势分析与预测秋季座谈会"并在会上讲话。

10月15日　在中央党校作学术报告，报告题目是"关于经济理论的几个问题"。

10月17～18日 参加江泽民在勤政殿召开的座谈会并发言，出席会议的领导同志还有宋平、温家宝等。会议座谈苏联剧变和战后资本主义问题。

10月18日 会见台湾经济研究院院长刘泰英等3人，并就两岸学术交流等问题交换意见。

11月6～8日 应日本经济同友会邀请赴东京参加民营经济协会第五次国际研讨会，作题为"当代中国经济的发展与对外开放"的讲演。

11月15日 会见并宴请诺贝尔奖得主美国克莱因教授。

11月25～29日 出席中共第十三届八中全会。

12月17～18日 出席国务院学位委员会第十次会议。

1992年（69岁）

1月5日 参加"关于三峡工程筹资方案研究"的专题汇报会。

1月17日 出席国务院第95次常务会议。

1月26日至2月7日 作为李鹏总理的经济顾问，刘国光、马洪随总理赴欧洲访问意大利、瑞士、葡萄牙、西班牙四国。

2～10月 参与中共十四大报告起草工作。

3月2日 参加国务院第十三次全体会议。

3月7～18日 应德国外交部邀请赴德国参访柏林洪堡大学、布来梅大学、基尔研究所、伊福经济研究所等单位，进行国有企业管理的调研。在布来梅大学作题为"谈谈我国所有制关系的改革"的讲演。

3月31日　会见匈牙利通讯社首席记者鲍尔陶·久尔捷，就中国经济改革问题回答记者提问。

4月7日　在港澳中心会见世界银行驻中国代表处高级经济学家华尔诚，双方就今后合作研究项目的有关问题进行探讨。

4月23日　参加中国社会科学院"1992年中国经济形势分析与预测春季座谈会"，谈经济形势分析与预测的重要意义和指导思想等问题。

5月5日　会见美国斯坦福大学经济学教授刘遵义，双方就中国的经济发展及实行股份制等问题交换意见。

5月6日　会见台湾"中华经济研究院"董事长蒋硕杰，双方就海峡两岸经济发展中出现的问题以及应采取的政策进行交谈。

5月12日　出席全国哲学社会科学基金课题评审会议。

5月13日　参加第186次总理办公会，就我国的经济形势和当前经济工作发言。

5月15日　应中宣部理论局邀请为中宣部干部培训中心作关于经济理论问题的报告。

5月18日　应深圳市委李灏的邀请与李京文一起率中国社会科学院调研组赴深圳进行"深圳经济发展战略问题"第二次调研。

6月3日　上午，江泽民在勤政殿就准备6月9日党校报告中所涉及的一些问题召见刘国光谈话。谈话中，选定倾向用"社会主义市场经济"的提法。下午，会见澳大利亚政府经济顾问、澳大利亚前驻华大使罗斯·加纳特，双方就美国福特基金会资助中国社会科学院经济学科的项目评估问题交换意见。

6月17日　出席中国社会科学院工资课题组召开的总报告讨论会，对课题总报告进行具体指导，提出一些具体意见；为中国社会科学院研究生院博士生和教职工作题为"社会主义商品经济理论问题"的报告。

6月18日　出席国务院第三届学位委员会学科评议组召集人会议；在中共中央国家机关代表会议上当选为党的十四大代表。

7月15日　会见美国福特基金会亚洲地区负责人、前驻京办事处主任彼得·盖特纳，外方陪同人员还有现任代表韩里思等。

7月18日　参加《经济研究》《财贸研究》和《经济管理》三个编辑部召开的理论座谈会，会上就我国经济发展速度问题发言。

7月21日　出席国务院全体会议。

7月25日　主持中国社会科学院学术报告会并发言。参会的人有世界银行副行长、首席顾问萨姆斯，北京大学、中国人民大学及中国社科院经济片的专家学者共30余人。

7月29日至8月19日　在乌鲁木齐参加中国城市发展研究会主办的城市生态效益讨论会。会上作题为"关于我国90年代经济速度增长问题再思考"的演讲。会后到天池、石河子、伊宁、喀什等地参访。8月17日，参加新疆维吾尔自治区召开的讨论十四大报告征集意见稿会议。18日下午，在新疆维吾尔自治区党委组织的报告会上作题为"社会主义市场经济问题"

的报告。

8月27日　会见美国哈佛大学波金斯教授，双方就中国经济改革和经济形势等问题进行会谈。

9月3日　应中国人民解放军总参谋长迟浩田邀请为总参师以上干部作题为"社会主义市场经济理论问题"的报告。

9月19日　中宣部、中组部在怀仁堂组织90年代改革发展讲座，刘国光作第一讲，题为"关于社会主义市场经济理论的几个问题"。

9月29日　出席国务院第202次总理办公会，研究次年的经济工作。

10月5日　参加中共十三届九中全会。

10月12～18日　参加中共第十四次代表大会。

10月25日　在中央党校全体员工大会上作关于社会主义市场经济问题的讲演。

10月27日　在首都剧场向北京市干部作关于社会主义市场经济问题的报告。

11月7日　应全国总工会的邀请为全国总工会系统两千多名干部作题为"社会主义市场经济"的报告。

11月9日　出席国务院学位委员会会议。

11月11日　在总政作关于社会主义市场经济问题的讲演。

11月12～14日　应邀到中国工运学院、解放军总后军事医学科学院和中央党校办公厅等单位作题为"社会主义市场经济理论"的报告。

11月16日　在中国社会科学院作题为"社会主义市场经济问题"的报告。

11月17日至12月3日　应邀赴美。18～20日在迈阿密大学和辛辛那提大学作题为"中国经济改革与发展"的讲演。24日在华盛顿卡内基基金会作题为"中国当前经济发展形势"的讲演。12月2～3日，在旧金山斯坦福大学、白克莱加州大学讲中国社会主义市场经济问题。会后到洛杉矶拉斯维加斯和克拉维多大峡谷等地参访。

12月11日　在国务院三峡工程审议会上发言，发言摘要《兴建三峡工程是我国国力能够承受的》发表在1993年1月1日的《人民日报》上。

12月16日　在天津市工会与市委宣传部召开的报告会上作题为"社会主义市场经济问题"的报告。

12月21日　去厦门，参加中国社会科学院、台湾经济研究院联合召开的海峡两岸产业政策研讨会，并作题为"中国大陆社会主义市场经济的理论与实践"的讲演，之后在厦门大学作报告。会后到泉州、石狮等地参访。

1993年（70岁）

1月19日　会见亚洲开发银行副行长汤姆森一行。

1月27日　作为副会长，出席中国太平洋经济合作委员会正副会长会议。

2月9日　应国家体委邀请为国家体委处级以上干部作题

为"社会主义市场经济理论"的报告。

2月13日　会见并宴请原苏联部长会议副主席、俄罗斯科学院经济研究所所长阿尔巴金等人，介绍我国经济体制改革情况。

2月15日　作家朱衍青为撰写路翎（徐嗣兴）传记，向刘国光访谈路翎早年的一些情况。

2月20日　在中国社会科学院学术报告厅主持报告会，俄罗斯科学院经济研究所所长阿尔巴金在会上作题为"目前俄罗斯经济状况与前景"的讲演。

2月22日　出席中国社会科学院经济研究所和孙冶方经济科学奖励基金会联合举办的孙冶方同志逝世十周年纪念座谈会并在会上讲话。

3月1～8日　应浙江省舟山市市委和市政府邀请，赴舟山群岛调研考察。

3月12日　当选为全国人民代表大会第八届代表，参加3月13～31日八届全国人大一次会议，被选为常委会委员、教科文委员会委员。

4月5日　应日本东京大学邀请，作为经济研究所代表团顾问，到日本访问。同行的有朱绍文、何建章、于祖尧等，在东京大学经济系和三菱商贸集团总部作题为"关于中国经济发展形势"的演讲。

4月23日　出席中国社会科学院"中国经济形势分析与预测春季座谈会"并讲话。

5月5日　应邀出席由经济日报社、中国世界观察研究所主办，大连市经济研究中心协办的"把大连建成北方香港"研讨会，并在开幕式上发言。

5月7日 会见台湾"经建会"前副主任叶万安夫妇，双方就当前两岸经济形势交换看法。

5月10～12日 应邀出席国家计委召开的"市场经济体制下计划与市场的作用"国际研讨会并发言。

5月13日 中国社会科学院召开"邓小平特区建设思想"研讨会，在会上作题为"邓小平的特区建设思想"的讲演。

5月17～19日 到香港参加中国社会科学院数量经济与技术经济研究所与香港中文大学联合举办的中国地区经济发展研讨会。18日，作题为"中国地区经济发展战略的评价与展望"的报告。19日，参加香港友好协会午餐会，作关于中国经济形势的讲演。

5月31日至11月 参加十四届三中全会关于经济体制改革文件的起草工作。

6月14～17日 在上海参加复旦大学"上海迈向21世纪国际大都市研讨会"；15日，作题为"对上海建设国际化大都市若干问题的看法"的讲演。17日在苏州为江苏省宣传干部讲"社会主义市场经济若干问题"。

6月29日 会见著名经济学家、前世界计量经济学会会长、哈佛大学教授乔根森，双方就中国社会科学院与乔根森教授等合作研究"生产率与环境和社会发展"课题交换意见。

7月7日 会见亚洲银行首席经济学家萨蒂什博士，介绍中国社会科学院与世界银行合作的情况，建议亚行和中国社会科学院开展合作研究。

7月13日　下午，陪同朱镕基副总理会见美国斯坦福大学刘遵义教授。

8月14日　出席由中国社会科学院经济学科片召开的国民经济发展战略课题讨论会并讲话。

8月30日　列席国务院第八次常务会议。

8月31日　列席国务院第九次常务会议。

10月10日　会见美国斯坦福大学教授、诺贝尔奖获得者阿曼夫妇，介绍我国沿海地区经济发展情况，双方就经济预测问题交换看法。

10月12日　出席中国社会科学院"1993年中国经济形势分析与预测秋季座谈会"并讲话。

10月15日　会见美国终身大使、美国战略与国际问题研究中心高级顾问黛安娜·杜根。

10月21日　会见英国牛津大学社会学部主席莫里斯教授和英国牛津大学中国中心主任林至仁博士。

11月11～13日　作为起草组成员列席中共十四届三中全会，讨论制定关于经济体制改革的决定。

11月18日　卸任中国社会科学院副院长职务，与前副院长、著名文学家钱锺书二人被聘为中国社会科学院特邀顾问。

11月20～26日　应日本亚洲经济研究所的邀请访日。23

日,在东京作关于中国经济走势的报告。去医院看望病重的金融学家小林实。

11月27日　出席由国务委员李铁映主持召开的国务院住房制度改革领导小组第四次会议。

12月1～4日　出席全国经济工作会议。

12月26日　出席在人民大会堂召开的毛泽东生平和思想研讨会,作题为"强国富民道路的开拓与发展——学习毛泽东思想"的书面发言。

1994年(71岁)

2月6日　向武汉市党政干部作题为"深化改革若干问题"的报告。

2月8～17日　在广州,对广东省党政干部作关于现代企业制度的报告,11日在中山市、13日在东莞市、15日在惠州市、17日在广州市对各市党政干部作同一题目的报告。

2月10日　到徐嗣兴(作家路翎)家看望并拜年。13日徐嗣兴不幸中风逝世。14日,去徐家吊唁。

2月15～25日　应新加坡原总理吴庆瑞与新加坡大学亚洲研究所邀请,访问新加坡。22日,向公众作题为"中国经济体制改革面临的问题"的讲演。

3月5日　由人大科教文委员会委员转为财经委员会委员。

3月8～20日　参加八届全国人大二次会议。

3月2～24日　到马来西亚吉隆坡参加太平洋经济合作理

事会 PECC 第十届大会。23 日，在金融资本市场分组会上作题为"中国金融改革及其对外商来华投资的影响"的讲演。

4月2～12日　去南京、常州、南通等地，先后在江苏省委党校、南京大学和南通市委党校讲演，在江苏省社会科学院、南京大学中美文化合作中心等单位座谈。

4月19～25日　去河南省郑州市。20日在河南财经大学作题为"现代企业问题"的报告；21日，向河南省委常委学习中心组（四套班子）讲题为"现代企业制度与经济形势"的问题；22日，在河南财经论坛成立大会上讲题为"当前宏观经济形势几个焦点问题"；24日，向洛阳市党政干部作题为"现代企业制度"的报告。

5月20～26日　在湖南长沙参加湖南省市场经济研究会成立大会并致辞；在张家界与张家界市领导座谈经济问题。

6月8～12日　在西安，参加全国城市发展研究会第三届代表大会，作工作报告；换届选举，继续担任该会理事长职务。

6月15日　在福建省委举办的社会主义市场经济问题讲座上作题为"关于宏观调控体系改革与当前经济形势问题"的讲话，福建省委书记贾庆林出席会议并会见刘国光。

6月18日　在秦皇岛市参加经济技术开放区发展战略专家研讨会，并就"发挥潜在优势，走功能开发新路"问题发言。

7月13～16日　在上海参加上海市委举办的"上海面向21世纪战略研讨会"，并作题为"对迈向21世纪的上海发展战略的几点建议"的发言。黄菊、徐匡迪主持会议。

8月1~12日 全国人大常委会安排刘国光夫妇在庐山休养。

8月15~20日 到内蒙古呼伦贝尔盟，在海拉尔市作题为"社会主义市场经济问题"的报告；到根河市参加建市庆典。

9月4日 在鞍山参加"迈向21世纪中国与亚太合作1994年国际研讨会"，作题为"中国大中型国有企业改革问题"的发言。

9月23~30日 应德国施韦比霍尔银行邀请，到德国慕尼黑、德累斯顿等地访问，在施韦比霍尔银行总部作题为"关于中国经济改革和经济发展"的讲演。

10月5~16日 参加人大常委会检查组，到浙江检查打假工作，检查杭州、绍兴、宁波、奉化、义乌等地。

10月28日至11月4日 应日本青山大学邀请，出席在东京举办的"21世纪中国研讨会"。29日，在会上作题为"中国经济体制改革的成就、难点和21世纪展望"的发言。31日赴仙台，11月1日向仙台公众作题为"中国经济动向与中日经济关系"的讲演。3日在东京国际经济文化交流会上讲演。

1995年（72岁）

1月10日 参加在北京召开的京九沿线资源开发战略研讨会，作题为"关于京九沿线的资源开发"的发言。

2月2日至6月1日 应牛津大学当代中国研究中心邀请，以访问学者身份赴英国。

3月17日 在伦敦中国驻英使馆作题为"国内经济形势展

望与国企为重点的经济体制改革"的报告。

5月11日　在中国留英经济学人中国经济学会召开的研讨会上,作题为"谈谈当前中国国有企业改革的发展"的讲演。

6月11～15日　应日本三井物产贸易经济研究所邀请,赴日本东京,13日,在该所作题为"中国经济走向与国有企业改革"的演讲。

8月17～20日　去山东省诸城市。18日,参加小城市国有企业改革研讨会并致辞;19日,到日照港口参观访问。

10月5～15日　参加人大常委会农业法执法检查组,到湖南省长沙、益阳、常德、桃源、石门、慈利、张家界等地进行执法检查。

10月17日　参加私营经济研究会开幕式,并作题为"私营企业主是社会主义的帮手"的致辞。

10月21日　陈岱孙先生九十五岁华诞,致函祝贺。

11月4～6日　赴荆沙市参加中等城市第八届研讨会,作题为"关于城市经济发展战略问题"的报告。

1996年（73岁）

1月29日　参加"武汉与中西部发展战略研讨会",作题为"发挥武汉地区协调发展中的作用"的发言。

3月5～17日　参加八届全国人大四次会议。

3月25～27日　应延边科技大学之邀,赴吉林延吉市参访。26日,去长白山;27日,参加延边科技大学中德合作交流会并致辞。

4月2日　写信给江泽民、李鹏、朱镕基、邹家华，反映关于海南大化肥厂不应建于三亚，以免污染旅游环境的问题，建议将大化肥厂迁建于海南西部工业区。

4月9～15日　参加国家计委南水北调审查组，去南水北调中线（武汉—襄樊—丹江口—南阳—郑州）考察。

4月24日至5月5日　应奥中友好协会邀请到奥地利、维也纳、萨尔斯堡等地参观访问。29日，在维也纳市政厅参加"区域发展与城市规划研讨会"并发言。

8月21日　在鞍山市出席中国经济规律研究会研讨会，并作题为"当前经济形势若干流行观点的一些看法"的讲话。中央领导同志阅后，在全国性工作会议上讲话时说："我顺便向同志们推荐一下社会科学院顾问刘国光同志8月21日在鞍山的一篇讲话，讲得非常好。我看刘国光同志的水平，不是一般的经济学家能赶得上的，他结合实际，他能用一些基础的经济学理论来解释当前经济生活中的一些现实问题，同志们学习一下，把形势看得清楚一点。"

9月11日至11月21日　到美国斯坦福大学亚洲研究中心做访问学者，完成《中国中小企业改革若干问题》长文。因参加中共十五大报告起草工作，提前结束访问，返回北京。

11月23日　参加在中南海召开的布置十五大报告起草工作的会议。

12月27日　在北京饭店参加朋友、学生举办的刘国光从事学术研究五十周年座谈宴会。

1997年（74岁）

1月7日　在《人民日报》发表《论软着陆》一文（与刘树成合写），《人民日报》"编者按"说："这是迄今为止总结宏观调控经验的一篇最好的文章。"

3月1～14日　参加八届全国人大五次会议。

3月30日至4月1日　赴吉林延吉，31日，参加延边科技大学第二次中德合作交流会，作关于我国经济情况的发言。

5月18～21日　赴深圳，19日、20日参加深圳第四次高级顾问会，作题为"论深圳第二次创业"的发言。

7月17日　人大财经委员会开会讨论上半年经济，作题为"略论当前经济形势"的发言。

9月2日　在广西北海市召开的中国经济稳定发展国际研讨会上，刘国光与克莱因系主要讲演人。

9月12～19日　作为起草组成员，列席中共第十五次代表大会。19日，列席十五届一中全会。

9月15日　在《光明日报》发表《从短缺到宽松》一文。在《财贸经济》1997年第10期发表《再论买方市场》。两文首次分析中国经济经过两重模式转换而使卖方市场格局开始转向买方市场。

11月1～6日　到日本进行学术访问。2日，在福冈久留米大学第二次社会经济国际研讨会上，作题为"关于中国经济改革与发展"的讲演。5日，赴东京参观国会与市议会。

11月17～21日　在桂林参加中国城市年鉴1997年工作会议并致辞。会后赴漓江、灵渠等地。

11月30日至12月14日　应澳大利亚新南威尔士大学之邀，赴澳进行学术访问。12月2日，在堪培拉新南威尔士大学研讨会上作题为"中国经济改革与发展若干难点问题"的演讲。到悉尼、布里斯班等城市参观访问。

1998年（75岁）

2月20日　设便宴招待越南社会科学院人文中心代表团杜怀南等。

2月23～26日　应香港工商专业联合会邀请，参加中国宏观经济学会代表团访问香港，并在"迈向2000年的中国"研讨会上作题为"国有企业的股份制改造"的讲演。

3月4日　列席九届全国人大九次会议预备会议。

4月8日　华建敏邀请刘国光参加十五届二中全会关于农业问题报告的起草工作。

4月22日　上海国际电子商务论坛开幕。上海市韩正副市长、美国杜根大使和刘国光致开幕词。

4月27日　在中国社会科学院"中国经济形势分析与预测春季座谈会"上，讲"增长速度、宏观调控、供求关系"问题。中央领导同志5月7日阅后批示："刘国光同志的意见是经过深思熟虑的，文章很有说服力，建议可写成文章加以宣传。"

5月4日　参加十五届二中全会报告起草组工作。江泽民总书记在勤政殿接见报告起草组人员，刘国光作了发言。

5月15～17日　参加澳门中小企业协会成立仪式并致辞，作题为"关于中国经济形势"的讲演。

5月25日至6月4日　在美国波士顿参加国务院发展研究中心与美国哈佛大学联合召开的"中美第二届经济发展与体制改革研讨会"，27日，作题为"东南亚金融危机与中国"的发言。

6月7日　参加南宁市召开的发展战略研讨会，在开幕式上致辞。

6月　在《江苏经济》杂志1998年第7期上发表《江苏应为全国发展挑重担》一文。江苏省委领导同志阅后批："感谢国光同志对我省经济工作的肯定和支持。所提建议完全符合江苏实情。请省计经委认真研究并在实际工作中吸收其建议。"

7月　随十五届三中全会报告起草组赴北戴河工作。

8月26日至9月4日　应台北国际关系研究中心邀请，到台北参访。27日在该中心举办的座谈会上，并作题为"中国经济发展现状与前瞻"的演讲。

9月11日　在国务院政研室召开的形势讨论会上作题为"关于当前经济形势及政策取向问题的看法"的发言。

10月11～14日　作为报告起草组成员，参加中共十五届二中全会。

10月24日　出席孙冶方经济科学基金会和中国社会科学

院经济研究所等单位共同举办的"纪念孙冶方九十诞辰暨孙冶方经济学观点研讨会"并发言。

10月26日至11月1日　在珠海参加伶仃洋大桥战略地位论证会并发言；赴外伶仃岛考察。

12月10日　在国内贸易局举办的流通体制改革开放座谈会上作题为"面对历史机遇，推进流通改革"的发言，提出流通是先导产业的概念（此发言稿由陈文玲起草，刘国光修订）。

1999年（76岁）

3月15日　到珠海参加伶仃洋大桥战略地位论证鉴定会并发言。16～17日去东澳岛考察。

4月19日　在中国社会科学院"中国经济形势分析与预测春季座谈会"上作题为"关于继续实行积极的财政政策的几点思考"的发言。

7月2～7日　去四川，3日，在成都参加留美学生会与西南财大合办的"劳动就业国际讨论会"开幕式，作形势报告。下午，去三星堆看历史遗址。4日，去重庆，5日，在重庆社会科学院作形势报告；下午，去合川国立二中参访母校故址。6日去大足县参观南宋石雕群。

8月23日　中国经济规律研究会第十届年会在辽宁省辽阳市召开，作题为"关于经济形势与宏观调控问题"的讲演。

9月8～26日　应加拿大西安大略大学邀请，到加拿大伦敦市访问。9月19日，在该校作题为"关于中国国有企业改革的攻坚阶段"的报告。会后，参访五大湖、尼加拉瓜瀑布、多伦多市等地。

11月19～21日　去苏州市，20日，参加苏州市发展战略研究讨论会，作形势问题讲演。21日，到周庄参观。

11月22～23日　陈锦华推荐刘国光担任中国石油化工集团顾问。23日中石化总裁李毅中、副总裁王基铭来访。

11月26日至12月5日　去昆明，27日参加"云南省建设绿色强省研讨会"开幕式，并作了题为"云南省创建绿色强省的几点思考"的讲演。29日，赴海口。30日上午，参加中国城市发展研究会召开的"城市发展与生态环境研讨会"，作题为"通货紧缩形势下的宏观调控"的讲演。30日下午赴昆明。12月1～4日，在大理、丽江参访。

12月29日　温家宝在玉泉山召集会议，部署中共十五届五中全会文件"十五发展规划建设"的起草工作，刘国光参加。

2000年（77岁）

2月22日　在《人民日报》发表《略论通货紧缩趋势问题》一文（与刘树成合写）。

中国石油化工股份有限公司成立大会，产生董事会，与陈清泰当选为独立董事。

2月25日　中国生态经济学会召开理事会，理事长刘国光期满卸任。

3月29～30日　应新加坡国立大学东亚研究所之邀，赴新加坡访问。30日，讲"21世纪中国经济增长问题"。

4月27日至5月4日　去南京。4月28日，参加"影响中国当代十本经济学著作出版研讨会"，作题为"中国经济增长分析"的讲演。29日，在南京大学讲形势问题。5月2日，到母校——东山镇江宁中学访问。

6月10～11日　参加在深圳召开的中国城市发展研究会第四次代表大会，理事会换届，刘国光被选为荣誉理事长。

6月15日　参加在天津召开的第三届电子商务国际研讨会开幕式并致开幕词。

8月31日至9月6日　同于祖尧访问韩国。在汉城向KDI（韩国开发研究院）、在大丘向大丘大学作题为"21世纪初中国经济增长与结构调整问题"的讲演。

9月13日　在"数量经济学及其应用20周年回顾国际研讨会"会上，刘国光与美国诺贝尔奖得主克莱因教授等作回顾发言。

10月9～11日　作为报告起草组成员，列席中共十五届五中全会。

10月17日　在中国社会科学院"中国经济形势分析与预测秋季座谈会"上，作题为"当前经济形势与十五期间宏观调控政策取向"的讲话。

10月28日　在西安参加中国经济规律研究会第十一届年会和西部经济发展管理创新国际研讨会，并作题为"当前经济形势与十五期间宏观调控政策取向"的讲话。

11月10日　参加中俄友好协会第三届理事会第一次会议，被推选为荣誉理事，被授予中俄友好奖章。

11月13日　在唐山市干部会上作题为"城市化与唐山中小城镇规划问题"的报告。

12月6日　俄罗斯科学院季塔连科院士来电，祝贺刘国光被俄罗斯科学院授予荣誉博士称号。

2001年（78岁）

1月12日至2月3日　去海南三亚。13日，在《人民日报》举办的"全球化国际研讨会"上作题为"全球化与我国经济结构调整问题"的讲演。

5月8～12日　同数量经济与技术经济研究所党委书记郑玉歆出访罗马尼亚，考察私人资本对外投资问题。

6月2～9日　应香港商会邀请，经国家发改委基金会安排，与桂世镛、吴树青赴香港参访。

8月1～6日　应内蒙古自治区林西县邀请，到该地区进行林牧业调研，同行的有农业部石山等人。

9月10日　赴上海，11日，参加新知研究院学术研讨会；晚上去医院看望汪道涵同志，桂世镛、张卓元、刘诗白同去。

9月17～28日　应俄罗斯科学院邀请，赴莫斯科与圣彼得堡访问。18日，俄罗斯科学院院士大会举行授予刘国光荣誉博士典礼。20日，在俄罗斯科学院经济学部作题为"中国经济结构调整问题"的学术报告。

10月22～23日　赴成都，23日，参加太平洋经济合作理事会东盟经济合作研讨会并作形势报告。

11月3～8日　在湖北省十堰市参加中等城市经济研究会年会开幕式并作经济形势问题的讲话。

12月5日　在南宁市参加中国城市年鉴工作会议，并作题为"中国宏观经济形势与宏观调控问题"的讲演。

12月7日　在广州参加广州市社会科学院成立20周年座谈会，作题为"中国宏观经济形势与宏观调控问题"的讲演。

12月8日　在人民大会堂举办的经济论坛上，作题为"中国宏观经济形势与宏观调控问题"的讲演。

12月15日　在于南京召开的中国经济规律研究会年会上，作题为"中国宏观经济形势与宏观调控问题"的讲演。

2002年（79岁）

1月5日至4月5日　在海南三亚休假期间完成《促进消费需求，提高消费率是扩大内需必然之路》《略论货币政策，减税和民间投资》两篇文章。3月2日，参加房地产协会在人民大会堂举行的经济形势与房地产走势大型报告会，并作经济形势问题讲演。3月26日在北京参加中石化股份有限公司董事会。

5月8日　出席太平洋经济合作理事会在澳门举办的东亚经济合作研讨会，并作题为"中国宏观经济形势问题"的讲演。

5月17日　在国家发改委经济研究所"国宏论坛"上作题

为"当前经济形势的几个问题"的演讲。

8月17日　在泰安参加泰山经济论坛，并作关于经济形势的讲话。

9月20～28日　应波兰科学院邀请去波兰，访问华沙、克拉科夫等地。

10月11日　参加中国社会科学院"中国经济形势分析与预测秋季座谈会"，作题为"现实经济增长率向潜在增长率提升的几个问题"的演讲。

10月31日至11月2日　在安徽省阜阳市参加全国畜牧经济研讨会并致辞；参访该市养牛事业。

12月15日　出席在济南召开的中国经济规律研究会年会，并作题为"现实经济增长率向潜在增长率提升的几个问题"的演讲。

2003年（80岁）

1月4日至4月7日　在三亚休假期间完成《研究宏观经济，要关注收入分配问题》文稿。

2月19～26日　回北京参加全国社会保障理事会和中国宏观经济学会的会议。

4月18日　温家宝总理在玉泉山召集组建十六届三中全会报告起草班子，刘国光参加。

4月20～22日　去青岛，21日，在中国现代经济史年会上作题为"新中国53年以来宏观经济发展若干特点"的讲话。

会后参观海尔集团。

8月　完成《谈谈政府职能与财政功能的转变》文稿。

9月5日　在太原参加全国城市经济学会第四次会议，并作关于收入分配问题的报告。

9月12日　在人民大会堂江西厅参加吴邦国主持的修改宪法座谈会。

10月11～14日　作为起草组成员，列席十六届三中全会，讨论制定关于完善社会主义市场经济体制的文件。

10月17～21日　应成都市宣传部邀请，去成都向该市干部作与改革有关的问题的讲话。

10月22～23日　由成都赴郑州，在河南财经学院参加"有中国特色社会主义经济"座谈会，杨承训、刘诗白、卫兴华等参加。会上，对教师和研究生作有关分配问题的讲演。

10月31日至11月2日　赴上海，11月1日，参加在同济大学召开的中国经济规律研究会第十四届年会，并作题为"关于经济形势与收入分配问题"的讲演。

11月23日　80岁生日，友人与学生在中国社会科学院院部举办刘国光80岁生日庆祝会暨经济学恳谈会，会上，作题为"八十心迹"的发言。

11月29日至12月2日　在海口参加中国改革综合研究院举办的"建设公共服务型政府"研讨会，并作题为"谈谈政府职能与财政功能的转变"的报告。12月2日，在深圳主持第十届孙冶方经济科学奖颁奖大会。

12月6日　在中国管理科学院高层经济论坛会上作题为"当前经济发展中的总量和结构问题"的讲演。

12月8日　再赴深圳参加深圳市第六次高级顾问会，并作题为"提高深圳市的竞争力"的发言。

2004年（81岁）

2月3日　温家宝总理在国务院召开经济学家、社会学家座谈会，征求对政府工作报告的意见，刘国光在会上讲双向防范（防通胀与防通缩）与群众关心的政府行为等问题。

3月3～19日　入协和医院治白内障，接受双眼手术。

3月24日　参加全国社会保障理事会并发言。

4月2日　应海南省邀请，出任海南省咨询顾问。25日赴海口。26～27日，参加海南省顾问会成立会并发言。

4月10日　参加中国宏观经济学会在钓鱼台国宾馆召开的宏观经济形势座谈会并发言。

4月22日　在中国社会科学院"中国经济形势分析与预测春季座谈会"上作题为"宏观经济问题小论三则"的讲演。

5月18日　参加温家宝总理在国务院主持召开的经济专家座谈会，并作题为"谈中性宏观调控政策问题"的发言。

7月23～26日　在湘西怀化新晃县参加"南方利用草山草地发展肉牛经济研讨会"；参加湖南新晃古夜郎黄牛文化节开幕仪式并致辞。

9月17～20日　在浙江省参加兰溪市兰花节，并在地区经济研讨会上致辞。18日,到温州德力西集团参访。

9月28日至10月5日 回访宝塔桥故地及望江楼等地。

10月10日 在中国社会科学院"中国经济形势分析与预测秋季座谈会"上作题为"杂谈宏观调控问题"的讲演。

10月12日 体改研究会在友谊宾馆召开十二届三中全会二十周年纪念会,刘国光在会上发言。

10月18日 国务院召开座谈会,温家宝主持,刘国光在会上发言。

11月7～8日 在澳门参加"海峡两岸暨香港澳门物流合作与发展大会",并作大会讲演。

12月17日 在中国管理科学院第五次高级论坛上作题为"双稳健的宏观调控政策"的讲演。

2005年(82岁)

1月3日至3月15日 休假期间完成《更加重视社会公平问题》文稿。

3月24日 中国宏观经济学会举办的第一届"中国经济学杰出贡献奖"颁奖仪式在北京举行。获奖者除刘国光外,还有薛暮桥、马洪、吴敬琏。刘国光在颁奖会上作简短答辞。

3月28日 中国社保基金理事会第二届一次会议换届,刘国光仍当选理事,并在会上发言。

4月9日 在宁波"天一论坛"上作题为"双稳健宏观政

策"的讲话。

5月13～17日　赴南昌，14日，在中国经济史学会举办的"中国经济发展模式讨论会"上作题为"双稳健宏观调控政策"的演讲。15日，在江西财经大学作题为"进一步重视社会公平问题"的演讲。

5月22～28日　中国宏观经济学会和中国管理科学院先后在人民大会堂召开"陈云思想讨论会""纪念陈云百年诞辰"，刘国光分别在两个会上发言。

6月11日　中国城市发展研究会第五次代表大会在杭州召开，刘国光作题为"关于社会公平问题"的讲演。习近平、程安东等出席会议。

7月15日　对刘国光访谈文章《关于经济学教学与研究若干问题》由教育部社会科学中心上报后，中央领导同志8月17日的批示中说："很多观点值得我们高度重视。"上述访谈在网上和媒体发表后，引起热烈讨论。2006年6月，刘贻清、张勤德编辑出版了《刘国光旋风实录》文集，接着又由北京微微文化发展中心编辑出版了《刘国光旋风实录》增补本。

9月3日　致信胡锦涛、温家宝，呈报《关于效率与公平》一文，主张当前要淡化"效率优先，兼顾公平"的提法，要把效率优先首先放到生产领域去讲，强调要更加重视社会公平问题。

9月8日　参加马克思主义理论研究和建设工程组在北京举办的"政治经济学提纲"评审会。

9月12日　应发改委宏观研究院邀请，讲"关于经济学教学与研究中的若干问题"。

9月27日　应中国社会科学院研究生院邀请，讲"关于经济学教学与研究中的若干问题"。

10月12日　在哈尔滨参加"黑龙江省建设社会主义新农村"研讨会开幕式并致辞。

10月13日　在中国社会科学院"中国经济形势分析与预测秋季座谈会"上作题为"把效率优先放到应该讲的地方去讲"的发言。

10月21日　应贵州财经大学邀请，在贵阳参加由中国经济规律研究会组织召开的讨论会，并作题为"关于经济学教学与研究中的若干问题"的报告。

12月21日　应首都经贸大学邀请，讲"关于经济学教学与研究中的若干问题"。

12月26日　参加中国社会科学院马克思主义研究院成立大会。

2006年（83岁）

1月8日至4月2日　在三亚休假期间，应上海《解放日报》邀请，写成《坚持正确改革方向》一文。

4月17日至5月12日　《略论"市场化"改革》发表于《马克思主义文摘》等刊物。

6月23～28日　赴山东，23日在山东齐河县参加林业会议并致辞。25日转到山东东营,考察参观胜利油田、黄河口开发区等地。28日在开发区礼堂作题为"改革方向问题"的报告。

7月11日 中国社会科学院推选刘国光等为中国社会科学院学部委员。

9月24日 出席中国经济规律研究会在湖北武汉江汉大学举办的第十六届年会,并作题为"关于改革方向问题"的发言。

12月16日 中国社会科学院在人民大会堂举行《刘国光文集》(十卷本)出版发布会。

2007年(84岁)

4~5月 与河南财经学院杨承训教授合作研究的《关于当前思想领域一些问题》以对话的形式发表于中国社会科学院《要报》等刊物。

7~9月 研究写作《关于分配与所有制关系若干问题的思考》,在《中国社会科学内刊》和《红旗文稿》等刊物发表。

11月1日 参加中国经济规律研究会在南京财经大学举行的第十七届年会,作"关于收入分配问题"的主题演讲。

12月4日 出席上海财经大学90周年校庆,作题为"对十七大报告关于经济领域若干论述的理解"的报告。

2008年(85岁)

1月5日至3月9日 在海南三亚休假期间,开始起草《试用马克思主义哲学方法总结改革开放30年》一文,年内陆续完稿，发表于《中国社会科学》（2008年第6期）等刊物。

4月25～29日　在海口参加海南庆祝建省20周年大会，会后去博鳌亚洲国际会场等地参观。

5月28日　在中国人民大学中国人文社科论坛作题为"关于宏观调控近期目标"的讲话。

5月底至10月　撰写的《计划与市场关系变革的三十年及我在此过程中的一些经历》一文入选魏礼群主编的《改革开放三十年见证与回顾》一书。

8月31日　在上海复旦大学参加纪念蒋学模经济学研讨会并作题为"关于从历史唯物主义反思30年"的讲话。

9月8日　在上海参加上海社会科学院50周年纪念大会；应邀到复旦大学经济学院作题为"用马克思主义哲学方法分析30年经验"的讲话。

10月22～24日　在香港出席孙冶方经济科学基金会与香港中文大学举办的"孙冶方100周年纪念研讨会"，并作题为"试用马克思主义哲学方法总结改革开放30年"的讲演。

11月2日　赴湖南长沙湖南商学院，参加中国经济规律研究会第十八届年会，并作题为"辩证地看30年改革开放"的讲话。

12月7～8日　在南京大学参加"真理标准与改革开放30周年研讨会"并作题为"关于计划与市场30年变革的经历"的报告，之后在南大商学院作题为"试用马克思主义哲学方法总结改革开放30年"的报告。

2009年（86岁）

1～3月 刘国光口述、杜建国整理的《有计划，是社会主义市场经济的强板》发表于《绿叶》杂志第1期。

3月31日 在教育部社科研究中心等单位召开的"国际金融危机与发展中国特色社会主义研讨会"上作题为"世界经济危机中中国表现与中国特色社会主义模式的关系"的发言。该文在《求是内参》等刊物发表。

3～4月 自2005年对"经济学教学研究问题"发表一些看法以来，一些同志建议把这些看法称作"经济学新论"，建议把这几年的文章集成"新论"。循此思路，刘国光把改革开放以来对经济学若干重大理论问题的思考整理出来，选编了若干篇文章，以《经济学新论》的书名，在2009年12月由社会科学文献出版社出版。

6～7月 撰写《共和国60周年感言》，发表于《求是内参》《百年潮》《报刊文摘》等刊物。

刘国光构思口述，毛立言协助整理，完成《建国六十年来中国的计划与市场》一文，入选"第一届当代中国史国际高级论坛特稿"。以"中国特色社会主义运行机制的探索与创建"为题发表于《当代中国史研究》2009年第5期。

11月16日 在辽宁沈阳大学参加中国经济规律研究会举办的第十九届年会，并作"经济建设与阶级斗争"的主题报告，发表于《求是内参》。

11月21日 第十三届孙冶方经济科学奖颁奖会在山东日

照举行，会上刘国光代表孙冶方经济科学基金会致开幕词。

12月22日　在湖南耒阳市参加中国城市经济学会年会，作题为"准确理解改革的含义和正确掌握不同领域改革进程"的发言。

2010年（87岁）

1月5日至4月6日　在三亚休假期间，由刘国光口述、党史研究室整理的《改革开放新时期的宏观调控》在《百年潮》2010年第1期发表。另一篇党史研究室编辑整理的口述稿《改革开放新时期的收入分配问题》在《百年潮》2010年第4期发表。

5月29日　出席世界经济学研究会在苏州举办的年会，被授予"二十一世纪世界政治经济学杰出成果奖"。获奖论文是《试用马克思主义哲学方法总结改革开放三十年》，会上发表了题为"实现市场经济与社会主义的有机统一"的获奖感言。

6～7月　对"马克思主义理论研究和建设工程重点教材"丛书中的《马克思主义政治经济学概论》征求意见稿提出审稿意见，意见书以"关于社会主义政治经济学的若干问题"为题，在中国人民大学《政治经济学评论》第4期等刊物发表。

10月18日　去石家庄河北财经大学，在中国经济规律研究会第二十届年会上作题为"社会主义初级阶段的主要矛盾"的发言。该文发表于《求是内参》。

11月　6日在北京"中国宏观经济学会座谈会"、26日在安徽芜湖"中国城市经济学会年会"上作题为"分好蛋糕比做大蛋糕更重要更困难"的发言,该发言稿在多家刊物发表。

2011年(88岁)

5月　世界政治经济学学会在美国麻省召开"第六届国际学术论坛",来自30多个国家的150多位学者出席论坛,经各国学者推荐和理事会评审,学会最终决定将首届"世界马克思经济学奖"授予中国社会科学院特邀顾问刘国光。刘国光以录像方式与大会交流,发表授奖答辞《经济学研究的立场》,载于2011年7月15日的《光明日报》。

5月5日　山东省委宣传部、山东电视台为纪念中国共产党成立90周年,联合拍摄大型电视政论片《信仰的力量》,电视台记者专访拍摄了《关于市场经济与计划经济的争论》访谈片。访谈纪要载于2013年出版的《社会主义市场经济理论问题》一书中。

5～6月　研究写作"国富、民穷"和"先富共富"的问题,6月完稿。先后于6月25日在重庆召开的中国社会科学院与重庆市合办的"共同富裕研讨会"上、9月17日在北京对外经贸大学召开的中国经济规律研究会第二十一届年会上,以及12月26日在北京中国城市经济学会25周年年会上就此问题作发言。此文稿以"中国财富走向"或"国富与民富,先富与共富的一些问题"为题在《经济研究》(第10期)等刊物发表。

年内　撰写《巩固社会主义市场经济的制度基础——初级

阶段的基本经济制度》一文，先后发表于《上海社会科学报》（2011年6月6日）、《国企》（2011年第1期）、《新华文摘》（2011年第7期）等刊物。

为纪念中国共产党成立90周年，在上文基础上写出《公有制是社会主义初级阶段基本经济制度的基石》，在《国企》（2011年第7期）、中国社会科学院《要报》、《研究报告》（2011年第36期）等刊物发表，以"关于社会主义初级阶段基本经济制度若干问题的思考"为题的改写稿在《经济学动态》（2011年第7期）发表。该文后收入刘国光主编的《共同理想的基石——国有企业若干重大问题评论》（2011年12月出版）一书中。

《人民日报》6月21日以"深化对公有制地位和作用的认识"为题，《经济日报》7月28日以"坚持社会主义初级阶段的基本经济制度"为题，摘发了前述研究文章。

9月16日　在首都对外经贸大学，出席中国经济规律研究会第二十一届年会，作题为"坚持公有制为主体不断发展国有经济才能制止两极分化"的发言。

11月27～29日　出席孙冶方经济科学基金会在无锡召开的第14次颁奖会，代表孙冶方经济科学基金会在市委宴请会上致辞，29日到玉祁镇孙冶方故居凭吊，参观纪念馆。

2012年（89岁）

3月24日　中国宏观经济学会召开常务理事会，座谈发展与改革问题，作题为"改革必须坚持社会主义方向，坚持公有制为主体，坚持共同富裕，不搞两极分化"的发言，该发言内容以"不坚持社会主义方向的改革同样死路一条"为题刊于《人民论坛》（2012年第3期）等刊物。

4月14日　参加中国经济规律研究会在武汉大学召开的第二十二届年会，研讨财富的生产和分配理论问题，作题为"端正改革方向"的发言。

8月28日　在中国经济社会发展资源第六届高层论坛会上作题为"重视发展集体经济"的发言，该发言稿发表于中国社会科学院《要报》和《前线》等刊物。

9月12日　《中国社会科学报》A04整版刊出该报记者为纪念经济体制改革目标提出20周年访问刘国光的长篇谈话《中国社会主义市场经济的特色》。

9月22日　参加中国社会科学院马克思主义研究学部与上海财经大学在上海财经大学举办的"首届全国马克思主义经济学论坛"，作题为"关于社会主义政治经济学若干问题"的发言。

12月9日　《关于中国社会主义政治经济学的若干问题》一文获中国人民大学经济学院《政治经济学评论》编辑部主办的"政治经济学评论"优秀论文奖，出席颁奖典礼并作题为"关于社会主义初级阶段的矛盾和社会主义的本质特征"的发言。

12月26日　在天津三实世纪综合律师事务所十二周年庆

祝会上致辞,谈"宏观经济走势、发展方式转变、做大蛋糕与分好蛋糕"等问题。

2013年(90岁)

4月20日　参加在福建师范学院举办的中国经济规律研究会第二十三届年会,并作题为"十八大后再论中国经济体制改革的方向——警惕以'市场化'为名推行私有化为实的倾向"的报告。又在5月12日中国社会科学院社会主义研究中心举办的"居安思危"研讨会上作了同题发言。发言稿载于中国社会科学院《要报》《研究报告》2013年第86期、《党建研究》第7期。该文最终被修订为《十八届三中全会建言》报送中央有关同志。

5月6日　《经济日报内参》第46期发表《经济学家刘国光认为——深化经济改革不能搞过度市场化》一文。

6月13日　参加当代中国研究所召开"陈云诞辰108周年纪念会",即兴发表"关于学习陈云经济思想的感言"。

6月26日至7月3日　《中国经济时报》记者访谈经济问题,在该报8月7日和8月14日两期整版发表《刘国光:中国市场化问题的最早倡导者》;又在《中国改革》杂志2013年第9期发表《社会主义市场经济体制的来龙去脉》。

8月　应中国社会科学院学部要求,将曾在2012年编辑的《社会主义市场经济理论问题》一书列入"学部委员专题文集"系列出版。

11月23日，在北京西郊玉泉山，学生庆贺刘国光九十华诞。26日，中国经济规律研究会等三个单位在中国社会科学院学术报告厅举办"庆贺刘国光九十华诞暨完善社会主义市场经济体制研讨会"上作题为"九十感恩"的发言。

12月8日　在北京钓鱼台国宾馆出席"孙冶方经济科学基金会成立30周年纪念会暨第15届孙冶方经济科学奖颁奖大会"并发言。

12月22日　在北京大学科学报告厅出席"中国经济社会发展智库第七届高层论坛"，并作题为"谈谈政府和市场在资源配置中的作用"的发言。

2014～2015年（91～92岁）

应中国社会科学院世界社会主义研究中心邀约，将2011年以来所写的有关经济改革反思的文章编辑为《中国经济体制改革的方向问题》一书，纳入李慎明主编的"居安思危"丛书，于2015年由社会科学文献出版社出版。

2016年（93岁）

4月12日　就"如何正视和克服马克思主义政治经济学边缘化及如何认识中国特色社会主义政治学与马克思主义政治学的关系"问题，复"马克思主义理论研究和建设办公室"调研访谈函。

2017年（94岁）

1月24日　十八届中央政治局委员、中央书记处书记、中宣部部长刘奇葆，中国社会科学院党组书记、院长王伟光一行到刘国光家中看望。

1月　《刘国光经济论著全集》（共十七卷）由知识产权出版社出版。

4月12日　为庆祝中国社会科学院建院四十周年，由桁林协助刘国光整理的访谈纪要《我的一些回顾与展望》在《中国社会科学报》发表。

附　成果目录

（一）主要著作

1.《社会主义再生产问题》
   生活·读书·新知三联书店　1980年10月
2.《马克思的社会再生产理论》
   中国社会科学出版社　1981年4月
3.《南斯拉夫的计划与市场》
   吉林人民出版社　1981年4月
4.《论经济改革与经济调整》
   江苏人民出版社　1983年12月
5.《苏联东欧几国的经济理论和经济体制》
   中国展望出版社　1984年11月
6.《刘国光选集》
   山西人民出版社　1986年12月
7.《中国经济大变动与马克思主义经济理论的发展》
   江苏人民出版社　1988年8月
8.《改革、稳定、发展》
   经济管理出版社　1991年7月
9.《刘国光经济文选（1991—1992）》
   经济管理出版社　1993年10月
10.《中国经济改革和发展的新阶段》
    经济管理出版社　1996年1月

11.《中国经济走向——宏观经济运行与微观经济改革》
   江苏人民出版社　1998年11月
12.《中国经济运行与发展》
   广东经济出版社　2001年9月
13.《刘国光自选集》
   学习出版社　2003年9月
14.《中国宏观经济问题》
   经济管理出版社　2004年5月
15.《刘国光集》
   中国社会科学出版社　2005年7月
16.《刘国光专集》
   山西经济出版社　2005年10月
17.《刘国光文集》（全十卷）
   中国社会科学出版社　2006年12月
18.《刘国光改革论集》
   中国发展出版社　2008年9月
19.《经济学新论》
   社会科学文献出版社　2009年12月
20.《刘国光经济文选》
   中国时代经济出版社　2010年1月
21.《社会主义市场经济理论问题》
   中国社会科学出版社　2013年8月
22.《中国经济体制改革的方向问题》

社会科学文献出版社　2015年1月

23.《刘国光经济论著全集》（全十七卷）
知识产权出版社　2017年1月

（二）主编与合著

1.《国民经济管理体制改革的若干理论问题》
中国社会科学出版社　1980年5月

2.《匈牙利经济体制考察报告》
中国社会科学出版社　1981年8月

3.《国民经济综合平衡的若干理论问题》
中国社会科学出版社　1981年10月

4.《中国的经济体制改革1977～1980》
人民出版社　1982年2月

5.《苏联经济管理体制考察资料》
中国社会科学出版社　1983年8月

6.《中国经济发展战略问题》
上海人民出版社　1984年1月

7.《学习〈邓小平文选〉发展和繁荣社会科学》
中国社会科学出版社　1984年10月

8.《深圳特区发展战略研究》
香港经济导报社　1985年12月

9.《中国社会主义经济的改革、开放和发展》
经济管理出版社　1987年1月

10.《海南经济发展战略》
    经济管理出版社 1988年6月
11.《中国经济体制改革的模式研究》
    中国社会科学出版社 1988年7月
12.《体制变革中的经济稳定增长》
    中国计划出版社 1990年5月
13.《经济大辞典》(计划卷)
    上海辞书出版社 1990年8月
14.《80年代中国经济改革与发展》
    经济管理出版社 1991年7月
15.《不宽松的现实和宽松的实现——双重体制下的宏观经济管理》
    上海人民出版社 1991年8月
16.《为什么三峡工程应尽快上马》
    中国社会科学院数量经济技术经济研究杂志社 1992年1月
17.《深圳经济特区90年代经济发展战略》
    经济管理出版社 1993年4月
18.《工资改革新思路》
    经济科学出版社 1993年10月
19."向市场经济体制转轨"丛书
    中国财政经济出版社 1993年12月
20.《中国经济的两个根本性转变》
    上海远东出版社 1996年12月
21.《中国经济大转变——经济增长方式转变的综合研究(上、下)》

广东人民出版社　2001年1月

22.《中国十个五年计划研究报告》
人民出版社　2006年3月

23.（1）《1949—1952年中华人民共和国经济档案资料选编》（12卷）
中国社会科学出版社、社会科学文献出版社、中国物资出版社等　1989～1993年

（2）《1953—1957年中华人民共和国经济档案资料选编》（9卷）
中国物价出版社　1998年1月

（3）《1958—1965年中华人民共和国经济档案资料选编》（10卷）
中国财政经济出版社　2011年5月

24．历年《中国城市年鉴》
中国城市经济社会出版社、中国城市年鉴社　1989～2000年

25．历年《中国经济形势分析与预测》（经济蓝皮书）
中国社会科学院数量经济技术经济研究杂志社、中国社会科学出版社、社会科学文献出版社等　1991～2006年

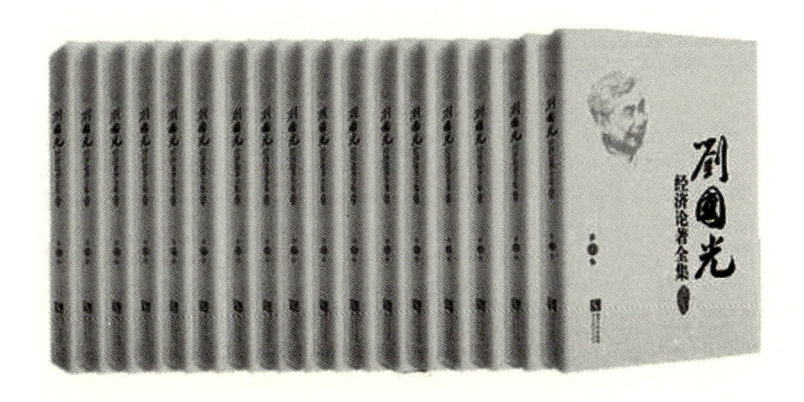

编者后记

中国社会科学院40周年院庆之际,院党组组织编写这套"学术名家自述",刘老届耄耋之龄,心力有所不及,遂委托我们编纂此书。

刘国光是中国经济学家的杰出代表,他的学术思想发展历程与新中国的发展历程几近同步,涵盖了从计划经济到市场经济发展转变的全过程,编纂传述实属必要,责任重大。

现在多方合力之下,集辑相关材料,快马加鞭(编),终于一册在手,对刘老一生经历及学术思想史可有一个轮廓的了解。

在编纂过程中,尤为难得的是,刘老在目力、听力、脑力大不如从前的情况下,无论是文字表述还是思想提炼都尽可能给予指点,斟酌再三,如此与编者往来再三,数易其稿,以求最大程度的准确与可信。虽有编者,实际上凝聚了刘老许多心血。感念于此,我们也是不遗余力,务求真实可靠,希望透过这本自述,窥其学术思想之堂奥。

本次编纂包含如下三个部分。

第一部分"口述自传",是在新近采访录像基础上加工整理,同时参考了历次口述记载文字,以及以口述为基础的传记文本,包括记述性采访等。第二部分"自述回顾",是刘老在一些重要场合或就一些重大主题所做的历史回顾,分为"综合回顾"和"专题回顾",收录重要的回顾性文章和记述性采访。

这些也是历史性文献，有助于深化对刘国光学术思想的认识。第三部分"年谱长编"，是关于刘老人生经历较完备的记录，许多重要信息与线索都能从中检索得到，是不可多得的参考资料。

虽然三大部分叙事有所重叠，但占有的史料不尽相同，而且所有这些史料都是经刘老认定、认为非常重要的，才收录其中，因此，从史学研究角度讲都是非常珍贵的材料，可以看作是研究刘国光学术思想的重要来源。

最后要说明的是，这次整理仍是初步的，由于组织编纂时间急迫，仓促应战，编纂内容难免粗糙、有瑕疵，有待进一步完善。但是，瑕不掩瑜，其史料价值弥足珍贵。希望能看到越来越多口述史相互佐证，共同描述这个时代的根本变革。

桁　林　邢桂芹

2017 年 4 月 15 日

图书在版编目(CIP)数据

刘国光 / 刘国光自述；桁林，邢桂琴整理. -- 北京：社会科学文献出版社，2017.11
（学术名家自述）
ISBN 978-7-5201-0839-3

Ⅰ.①刘…　Ⅱ.①刘…②桁…③邢…　Ⅲ.①刘国光－传记　Ⅳ.①K825.31

中国版本图书馆CIP数据核字（2017）第089797号

·学术名家自述·

刘国光

自　　述 / 刘国光
整　　理 / 桁　林　邢桂芹

出 版 人 / 谢寿光
项目统筹 / 梁艳玲
责任编辑 / 姚冬梅　易　卉

出　　版 / 社会科学文献出版社·（010）59366560
　　　　　　地址：北京市北三环中路甲29号院华龙大厦　邮编：100029
　　　　　　网址：www.ssap.com.cn
发　　行 / 市场营销中心（010）59367081　59367018
印　　装 / 三河市东方印刷有限公司

规　　格 / 开　本：880mm×1230mm 1/32
　　　　　　印　张：9.125　字　数：187千字
版　　次 / 2017年11月第1版　2017年11月第1次印刷
书　　号 / ISBN 978-7-5201-0839-3
定　　价 / 59.00元

本书如有印装质量问题，请与读者服务中心（010-59367028）联系
▲ 版权所有　翻印必究